MEINE GROSSE IDEENWERKSTATT

Bastelspaß mit Alltagsmaterialien

MEINE GROSSE IDEENWERKSTATT

Bastelspaß mit Alltagsmaterialien

Marion Elliot

Fotos von John Freeman
Aus dem Englischen von Sabine Rahn

Ein Hinweis vorab

Das Basteln und das Experimentieren mit verschiedenen Materialien macht großen Spaß und man kann viele Stunden seiner Freizeit Gewinn bringend damit ausfüllen. Aber aus Sicherheitsgründen und aus Rücksicht auf die Umwelt solltet ihr einige Dinge berücksichtigen: Wählt wenn möglich ungiftige Materialien, beispielsweise bei Farben, Klebstoffen und Lacken. Wo sich diese nicht verwenden lassen, arbeitet mit dem Material in einem gut belüfteten Raum und beachtet immer die Anwendungshinweise der Hersteller. Mit Nadeln, Scheren und allen spitzen oder scharfen Werkzeugen solltet ihr vorsichtig umgehen. Benutzt immer ein Brett oder eine schnittfeste Unterlage, damit die Arbeitsflächen nicht beschädigt werden. Außerdem ist es sicherer, auf einer festen, harten Fläche zu schneiden. Schützt die Oberflächen vor Farbspritzern und Klebstoff, indem ihr alte Zeitungen unterlegt.

Für Neil

Die Autorin dankt Joanne Rippin, John Freeman
und Adrian Cole fürs Fotografieren;
Susan Bull für das Styling und Neil Hadfield für das Design,
seine technischen Fachkenntnisse und seinen steten Zuspruch.
Autor und Verlag danken auch Noah Goodrich, Anya Rupesinghe,
Nicholas Staib, Alice Summers und Nicholas Watkins
von der Prospect House School, Putney, London,
dass sie sich für dieses Buch fotografieren ließen.

In neuer Rechtschreibung

Originaltitel:
50 Recycled Crafts for Kids – Step by step.

einem Imprint von Anness Publishing Limited
„Hermes House", 88 – 89 Blackfriars Road,
London SE 1 8HA

1. Auflage

Mit Fotos von John Freeman
Aus dem Englischen von Sabine Rahn
Einbandgestaltung: Karl Müller-Bussdorf
unter Verwendung eines Fotos von
Ronald Grunert-Held, Veitshöchheim
Gedruckt in: Hongkong, China
ISBN 3-401-04824-4

INHALT

Vorwort

Denk nur an all die vielen Dinge, die wir wegwerfen, ohne nachzudenken. Wir produzieren jedes Jahr schätzungsweise ein Vielfaches unseres eigenen Körpergewichtes an Müll. Manches, was wir in den Abfall werfen, haben wir nicht einmal benutzt. Wir sind es gewohnt, alles mehrfach einzupacken wie zum Beispiel Essen, Getränke, Waschpulver, Zahnpasta, Spülmittel . . .

Anstatt all diese wunderbaren Verpackungen aus Plastik, Papier und Pappe zu verschrotten, ist es doch viel besser, etwas Neues daraus zu machen. Zum Beispiel die tollen Spielsachen, Spiele, Schmuck und Dekorationen aus diesem Buch. Alle Dinge in diesem Buch sind aus Materialien gemacht, die normalerweise im Müll landen. Und das Beste daran ist: Die meisten dieser Materialien kosten dich nichts. Viele Basteleien in diesem Buch kannst du alleine basteln, bei manchen brauchst du die Hilfe eines Erwachsenen. Deshalb frag lieber jemanden um Hilfe, wenn das ausdrücklich in der Bastelanleitung steht. Es macht überhaupt nichts, wenn du nicht genau die gleichen Materialien zur Verfügung hast, wie sie im Buch angegeben sind. Das Gute am Basteln mit Verpackungen ist ja, dass du eine riesengroße Auswahl an verschiedenen Formen und Farben hast und dir das aussuchen kannst, was dir am besten gefällt.

Recycling

In diesem Buch findest du viele originelle Ideen, wie du aus Abfallmaterialien tolle neue Dinge herstellen kannst. Sobald du einmal angefangen hast Müll zu sammeln, wirst du feststellen, wie viel Verpackungen, Zeitungen, Pappe und Plastik wir jeden Tag wegwerfen.
Man braucht eine Menge wertvoller Rohmaterialien wie Metall, Holz und Öl, um Papier, Flaschen, Dosen und Plastik herzustellen. Riesige Mengen von Brennstoffen und Energie werden außerdem verbraucht, um die Rohmaterialien zu diesen Endprodukten zu verarbeiten. Es ist sehr verschwenderisch, so viel wegzuwerfen, ganz besonders, wenn man bedenkt, dass ein großer Anteil unseres Mülls Verpackungen sind, die eigentlich kaum gebraucht wurden. Aber du kannst dazu beitragen, die Müllberge abzubauen, indem du die Dinge, die niemand mehr braucht, wieder verwendest.
Wenn wir unsere alten Flaschen, Zeitungen und Dosen in speziellen Recyclingtonnen sammeln, können sie wieder neu verarbeitet werden. Damit spart man Rohstoffe und hat das Gefühl etwas für die Erde getan zu haben.
Aber du kannst den Müll nicht nur trennen und in Recyclingtonnen entsorgen, sondern kannst auch viele aufregende Dinge daraus basteln.
Ehe du etwas wegwirfst, schau es noch mal genau an und frage dich: Hat es eine besondere Form oder eine schöne Farbe? Hast du vielleicht sogar schon eine Idee, wie man etwas völlig Neues, Tolles daraus machen könnte? Wenn du eine dieser Fragen mit Ja beantworten kannst, fange an diese interessanten Bastelmaterialien zu sammeln.
Hier sind einige Vorschläge für Dinge, die zum Basteln in Frage kommen.

Bunte Bänder, Seile und Schnüre
Die sind prima zum Aufziehen von Perlen, zum Basteln von Mobiles, als Verbindungsstücke für Modelle und Puppen sowie für hängende Dekorationen Sammle gebrauchte Stücke von Paketer und Päckchen.

Büroklammern
Büroklammern gibt es in vielen Farben und Größen. Mit ihnen kann man hervorragend Müllskulpturen dekorieren, besonders Roboter, und man kann Basteleien mit ihnen zusammenhalten, während der Kleber trocknet.

Gummis
Gummis gibt es in allen Stärken und Farben. Manche sind sehr dünn und elastisch – solche brauchst du zum Beispiel für den Flipperapparat. Andere sind dicker und fester und eignen sich gut dazu, Basteleien zusammenzuhalten, solange der Kleber trocknet.

Papierschnipsel
Man benötigt viele Bäume, um Papier herzustellen, also wirf keine schönen Schnipsel weg! Buntes Papier ist toll zum Basteln von Partydekorationen, für Pappmaschee und Grußkarten.

Papprollen
Man findet sie in der Mitte von Alufolienrollen, Klopapier und Klebeband. Sie werden auch benutzt, um Papierrollen zu schützen. Diese Rollen eignen sich prima zum Basteln von Modellen (z. B. von Teleskopen) und Skulpturen aus Abfall.

Plastikbecher
Es gibt sie in vielen interessanten und dekorativen Farben und Formen. Man kann sie gut als Formen für Pappmaschee benutzen oder als Dekorationen für große Modelle und Skulpturen.

Plastikflaschen
Die gibt es in vielen verschiedenen Farben und Formen, knallbunt oder durchsichtig. Sie sind prima zum Basteln von Instrumenten, Kegelspielen und Puppen.

Plastiktüten
Manche sind knallbunt und ergeben prima Puppenkleider. Außerdem kannst du sie sehr gut benutzen, um dein Material aufzuheben und zu ordnen. Aber Plastiktüten können sehr gefährlich sein. Lass sie niemals in der Reichweite von Babys und Kleinkindern liegen.

Stoffreste
Stoff kann sehr teuer sein. Meistens brauchst du nur ein kleines Stück zum Basteln. Bitte jemanden, der näht, Stoffreste für dich zu sammeln.

Wellpappe
Eignet sich wunderbar zum Herstellen von Modellen, Figuren, Rahmen und Schmuck. Wellpappe gibt es in verschiedenen Stärken. Achte auf Verpackungen von großen Elektrogeräten. Hier findet man oft sehr gute Wellpappe.

Zeitungen
Zeitungspapier gibt es in unterschiedlichen Farben, Stärken und Größen. Es eignet sich hervorragend zum Herstellen von Pappmaschee, zum Falten von Hüten und zum Abdecken der Arbeitsfläche.

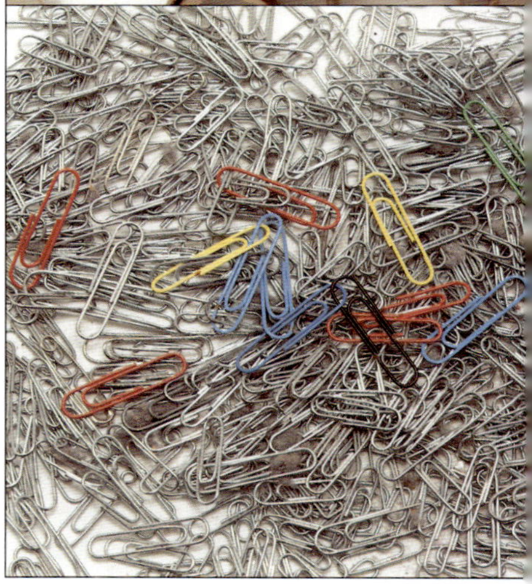

Oberste Reihe von links nach rechts:
Papprollen, bunte Bänder, Schnüre und Seile, Wellpappe, Gummis
Mittlere Reihe:
Büroklammern, Stoffreste, Papierschnipsel, Plastikbecher
Unterste Reihe:
Zeitungen, Plastiktüten, Plastikflaschen

Werkzeug und Material

An dieser Stelle werden einige in diesem Buch verwendete Materialien aufgelistet. Manche wirst du schon haben, andere wirst du vielleicht kaufen müssen.

Alleskleber
Er muss ungiftig sein. Es gibt ihn als Stift, in der Flasche und in der Tube.

Alufolie, bunte Folie
Mit Alufolie kann man schönen Schmuck herstellen. Süßigkeiten und Kekse sind oft in bunte Folie eingepackt.

Aus der Natur
Eicheln, Zweige, Tannenzapfen etc. findet man überall, z. B. im Park und bei Spaziergängen. Zeige immer einem Erwachsenen, was du gesammelt hast, ehe du es verwendest, um sicherzugehen, dass es nicht gefährlich ist.

Bastelleim
Der Bastelleim muss lösungsmittelfrei und ungiftig sein. Er klebt sehr gut, vor allem Pappe, Papier und Stoff. Wenn man ihn unter Plakafarbe mischt, hält die Farbe auch auf Plastikoberflächen. Man kann ihn auch als Lack verwenden und verdünnt zum Herstellen von Pappmaschee.

Baumwollfaden
Den gibt es in bunten Farben und verschiedenen Stärken. Du brauchst ihn zum Nähen und für Patchworkarbeiten.

Bleistifte
Einen weichen Bleistift brauchst du zum Aufzeichnen von Umrissen und um diese auf Papier und Pappe zu übertragen.

Bunte Schnur, dünn
Sie ist sehr fest und eignet sich hervorragend für Halsketten und Mobiles.

Bunte selbstklebende Punkte
Es gibt sie in vielen Farben und Größen. Sie sind in den meisten Schreibwarengeschäften erhältlich.

Büroklammern
Büroklammern gibt es einfach oder bunt, in Plastik oder Metall. Du kannst sie nicht nur zum Zusammenheften von Papier verwenden, sondern auch zum Verzieren deiner Basteleien.

Extrastarker Kleber
Auch extrastarker Kleber muss lösungsmittelfrei und ungiftig sein. Damit lassen sich dickere Kartons und schwierige Verbindungsstellen kleben.

Farbe
Alle Farben müssen ungiftig sein. Plakafarben sind besonders gut geeignet, weil es sie in vielen schönen Farben gibt.

Filzstifte
Filzstifte müssen giftfrei sein. Sie eignen sich gut zum Anmalen von Papier und Pappe.

Gummiband
Es gibt dünnes Gummiband in verschiedenen Farben zu kaufen, auch in Silber und Gold oder mit eingewebten Glitzerfäden.

Gummis
Die gibt es in vielen Farben und unterschiedlichen Längen.

Korken
Korken sind prima zum Basteln von kleinen Puppen, Tieren und Spielsachen.

Krepp-Band
Krepp-Band ist ein Klebeband aus Papier. Es ist leicht wieder abzuziehen.

Lineal
Ein Lineal benutzt man zum Abmessen und zum Zeichnen gerader Linien.

Maßband
Das benötigt man, um Stoff abzumessen.

Palette
Eine Palette eignet sich gut zum Mischen der Farben. Hast du keine, so genügt auch eine alte Untertasse.

Papprollen
Es gibt sie in verschiedenen Größen. Man findet sie vor allem im Inneren von Alufolien-, Klopapier- und Küchenpapierrollen.

Pinsel
Pinsel gibt es in jeder Ausführung und Größe. Nimm einen mitteldicken Pinsel für die Grundierung und zum Auftragen von Leim und Kleber. Feine Pinsel eignen sich gut für zarte Muster.

Schere
Die Schere sollte eine Kinderschere mit abgerundeten Spitzen sein.

Stoff- und Filzreste
Stoff- und Filzschnipsel kannst du gut zum Gestalten von Stoffbildern, Puppenkleidern und Patchworkarbeiten gebrauchen. Filz gibt es in vielen schönen Farben und er franst nicht aus.

Stopfnadeln
Das sind dicke Nadeln mit großem Öhr und abgerundeten Spitzen. Man nimmt sie zum Nähen, zum Auffädeln von Perlen und zum Einziehen von Gummiband.

Tesafilm
Damit kann man Papier, Pappe und Folie kleben.

bunte selbstklebende Papierpunkte

bunte Folie

Bonbonpapier

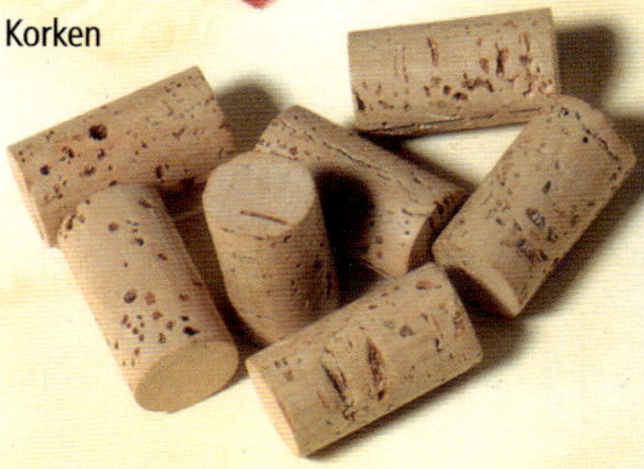
Korken

Bastelleim
Alufolie
Palette
Alleskleber
Pinsel
Farben
extrastarker
Kleber
Stoffreste
Filzstifte
Bleistifte
aus der
Natur
Holzlöffel
Lineal
Schere
Papprolle
Tesafilm
bunte Schnüre und Bindfäden
Gummis
Stopfnadeln
Nadeln
Büroklammern
Kreppband

So wird's gemacht

Vorlagen übertragen

Für einige Basteleien in diesem Buch gibt es Vorlagen, die du direkt auf Papier durchpausen kannst, um Schablonen anzufertigen. Durchpausen ist die schnellste Möglichkeit diese Vorlagen zu kopieren und sie dann auf Papier oder Pappe zu übertragen.

1 Lege ein Blatt Transparentpapier auf die Vorlage und fahre mit einem weichen Bleistift die Umrisse der Vorlage nach. Drehe das Pauspapier um. Dann schraffiere mit deinem Bleistift die Bleistiftumrisse schön dunkel.

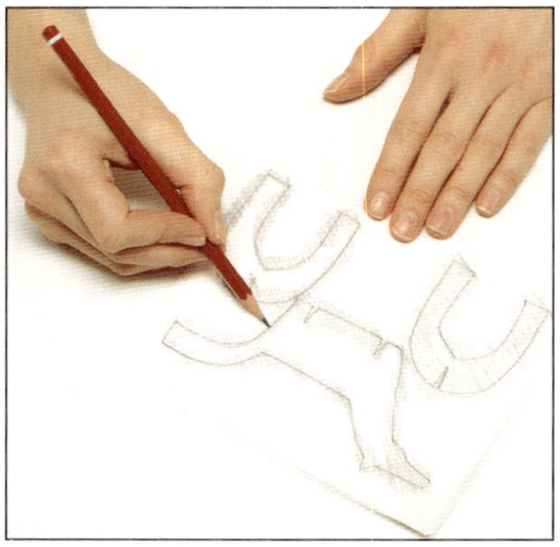

2 Lege die Zeichnung mit der schraffierten Seite nach unten auf ein geeignetes Stück Pappe oder Papier. Fahre die Umrisse, die du übertragen willst, noch einmal mit einem harten Bleistift sorgfältig nach.

3 Nimm das Pauspapier hoch. Die Umrisse sind jetzt auf deiner Pappe zu sehen.

Vergrößern

Vielleicht möchtest du eine bestimmte Zeichnung größer haben, als es die Vorlage vorsieht. Eine maßstabgerechte Vergrößerung ist nicht schwer. Du musst nur die Vorlage auf ein kariertes Papier übertragen. Dann nimmst du dir Kästchen für Kästchen vor und vergrößerst beispielsweise von einem Kästchen auf vier Kästchen.

1 Wenn du eine Vorlage vergrößern willst, die nicht auf ein Raster gedruckt ist, pause sie durch und übertrage sie auf ein kariertes Papier. Ist die Vorlage schon auf einem Raster, mache mit Punkt zwei weiter.

2 Vergrößere die Vorlage, indem du zum Beispiel den Inhalt eines Kästchens von der Vorlage auf vier Kästchen vergrößerst. Nimm dir Kästchen für Kästchen nacheinander vor.

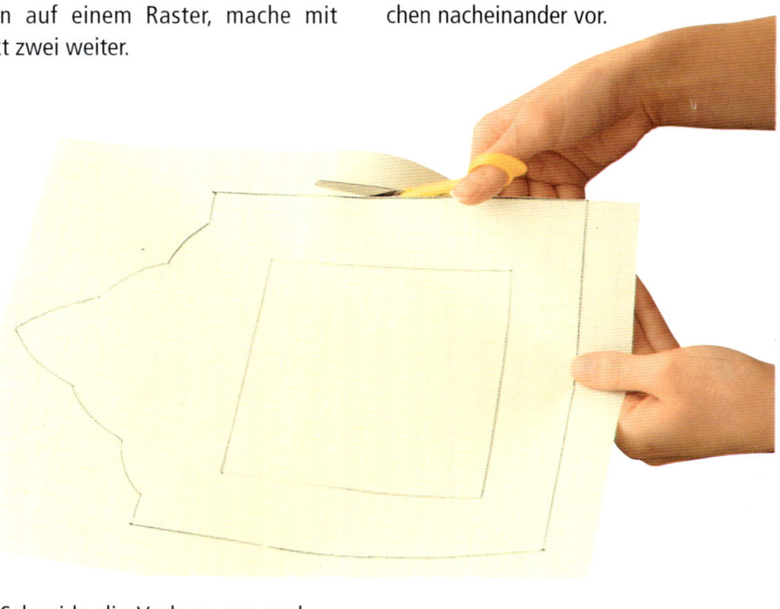

3 Schneide die Vorlage aus und übertrage sie auf Karton oder Papier.

Pappmaschee

Pappmaschee macht man aus Papierschnipseln – meistens aus alten Zeitungen – und Leim. Man kann Pappmaschee zum Basteln von nützlichen und dekorativen Gegenständen verwenden.

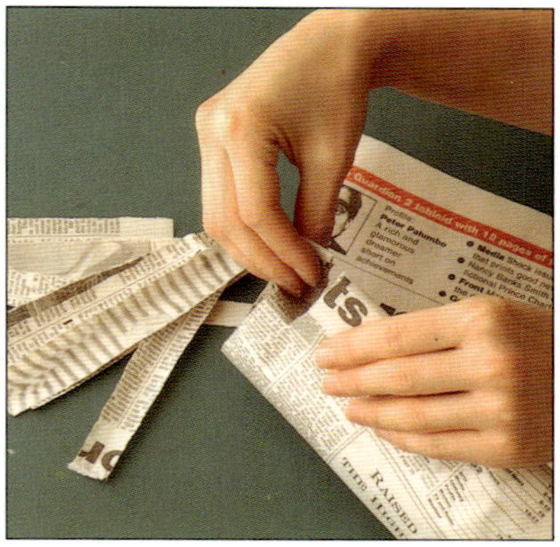

1 Zerreiße die Zeitungen in kleine Schnipsel.

2 Rühre etwas ungiftigen weißen Bastelleim nach der Packungsanweisung mit Wasser an.

3 Pappmaschee kann in leicht gefettete Formen gepresst oder wie hier um eine Pappschablone gewickelt werden. Bestreiche die Pappe mit dem Leim und lege das Papier auf. Du brauchst ungefähr drei bis vier Schichten.

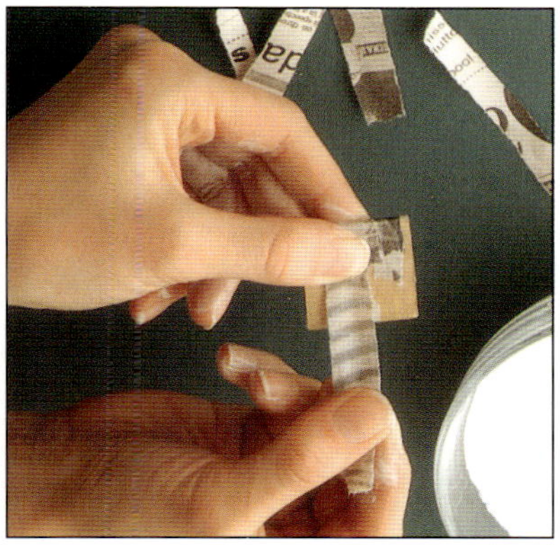

4 Um kleinere Formen zu gestalten, nimm kleinere Papierschnipsel.

5 Wenn deine Figur aus Pappmaschee eine raue Oberfläche hat, reibe sie mit feinem Sandpapier glatt.

6 Streiche deine Figur mit zwei Lagen weißer Farbe, damit die Schrift verschwindet. Dann kannst du sie farbig anmalen.

Drucken mit Schaumstoffstempeln

Schneide einfache Formen aus dünnen Schaumstoffstücken aus und klebe sie auf Pappe. Mit diesen einfachen Stempeln kannst du deine eigenen Grußkarten gestalten oder deine Tapeten verzieren.

1 Schneide mehrere rechteckige Stücke aus dicker Pappe zurecht (5 cm × 6 cm). Schneide die gleiche Anzahl kleinerer Rechtecke (1,5 cm × 6 cm) für die Griffe aus. Klebe die Griffe, wie abgebildet, mit extrastarkem Kleber auf die Pappstücke.

2 Zeichne dein Motiv auf den Schaumstoff, schneide es mit einer Schere aus und klebe es auf den Pappstempel. Lass es gründlich trocknen.

3 Rühre etwas Plakafarbe mit Wasser dick an. Tauche den Stempel vorsichtig in die Farbe und presse ihn dann auf dickes Papier oder Pappe.

Malen auf Plastik

Bei allen Basteleien in diesem Buch geht es um Wiederverwertung – auch von Plastikflaschen oder Jogurtbechern. Normale Plakafarbe hält nicht auf Plastik. Aber wenn du die Farbe mit Bastelleim mixt, kannst du damit auch Plastik anmalen.

1 Gib etwas Plakafarbe auf eine Palette oder ein Tellerchen.

2 Gieße etwas Bastelleim hinzu und rühre den Leim sorgfältig unter.

3 Wasche die Plastikflasche in warmem Seifenwasser und trockne sie gründlich ab. Trage das Farbe-Leim-Gemisch gleichmäßig auf die Flasche auf. Wasche den Pinsel gründlich aus, sobald du fertig bist.

Eine Schachtel zerschneiden

Pappe kann man zum Beispiel sehr gut zu Bilderrahmen aus Pappmaschee verarbeiten. Alte Schachteln lassen sich hierfür besonders gut verwenden.

1 Entferne alles Klebeband von der Schachtel und falte sie auseinander.

2 Schneide sie in gebrauchsfertige Stücke.

Wieder verwenden von Folienpapier

Bunte Folien eignen sich hervorragend für Dekorationen – und du musst sie nicht einmal kaufen. Sammle das Einpackpapier von Bonbons und Süßigkeiten.

1 Streiche die Papierchen glatt und schneide sie für deine verschiedenen Vorhaben zurecht.

Flaschenetiketten entfernen

Aus Plastikflaschen kann man viele Dinge basteln. Wasche sie vor Gebrauch gründlich.

1 Fülle eine Waschschüssel mit warmem Seifenwasser.

2 Weiche die Flasche ungefähr zehn Minuten ein.

3 Schäle das Etikett ab. Wenn es noch zu fest klebt, weiche die Flasche noch ein wenig länger ein.

Kleiderbügel-Triangel

Wenn du schnell eine Triangel basteln willst, brauchst du nur einen Kleiderbügel aus Metall, einen Teelöffel und ein Stück Geschenkband. Wenn du den Kleiderbügel mit dem Teelöffel schlägst, klingt er wie eine Triangel. Du könntest gleich mehrere Triangeln basteln und mit deinen Freunden eine kleine Band gründen.

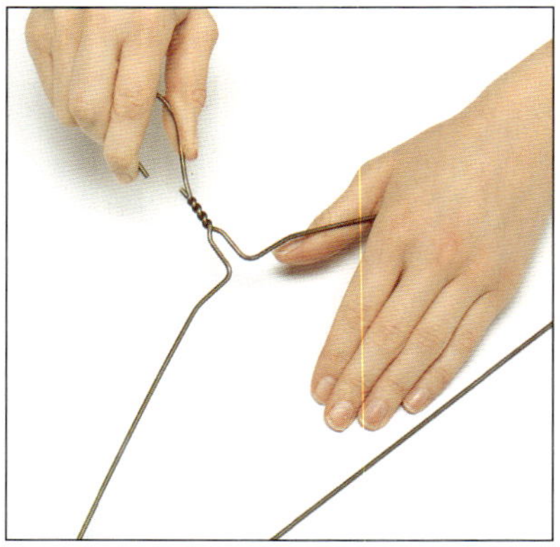

1 Bitte einen Erwachsenen den Haken des Kleiderbügels für dich umzubiegen, sodass er nun eine geschlossene Schlaufe bildet.

2 Schneide ein Stück Schleife oder Schnur zurecht und binde es an den Kleiderbügel. Daran kannst du deine Triangel festhalten.

3 Halte die Triangel in einer Hand und schlage mit dem Teelöffel darauf, sodass ein glockenheller Ton ertönt.

Holzlöffelpuppe

Diese Holzlöffelpuppe ist wirklich schnell und einfach zu machen. Du brauchst nur einen hölzernen Kochlöffel, eine Plastiktüte und einige Filzstifte. Gib diese Puppe aber auf keinen Fall kleinen Kindern. Plastiktüten sind gefährlich.

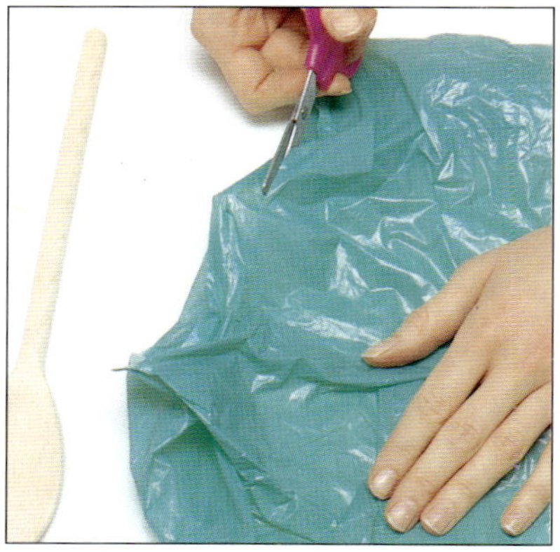

1 Streiche eine bunte Plastiktüte glatt. Schneide in eine Ecke im Boden der Tüte ein kleines Loch.

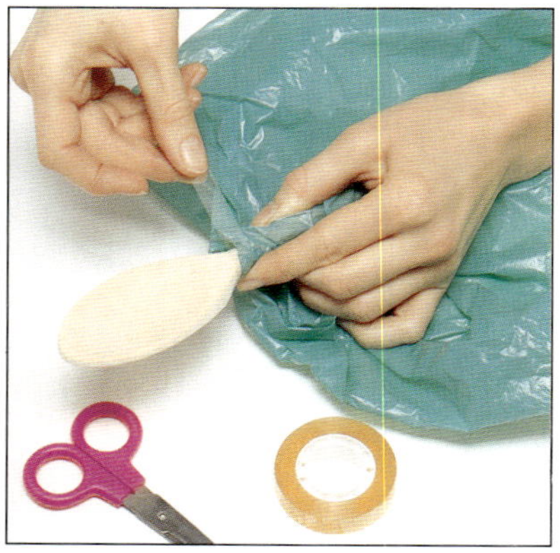

2 Schiebe den Stiel des Kochlöffels so weit es geht in das Loch der Plastiktüte. Klebe die Tüte mit Tesafilm am Kochlöffel fest.

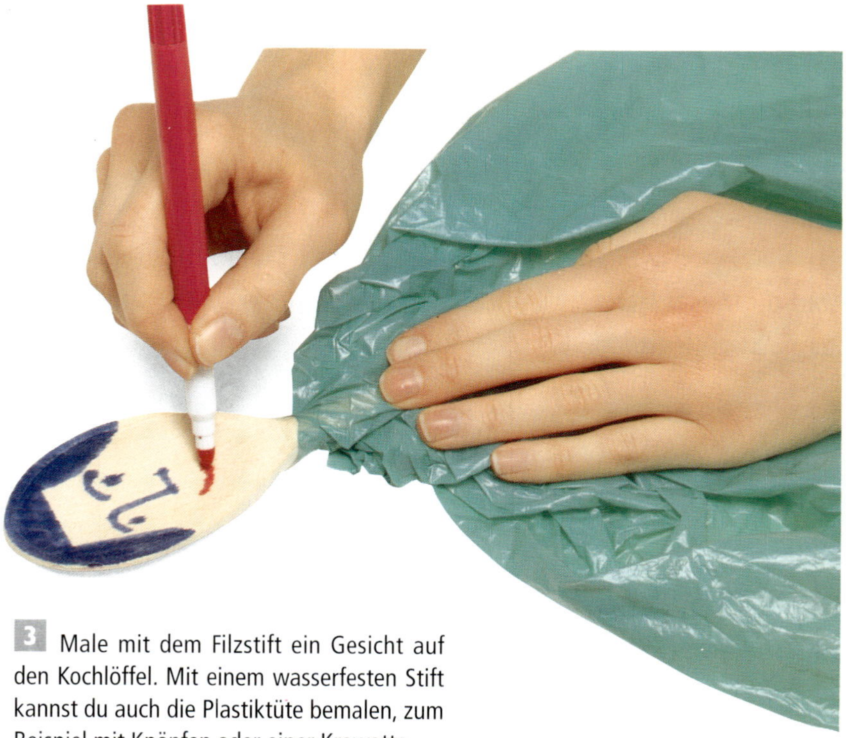

3 Male mit dem Filzstift ein Gesicht auf den Kochlöffel. Mit einem wasserfesten Stift kannst du auch die Plastiktüte bemalen, zum Beispiel mit Knöpfen oder einer Krawatte.

Schüttelbecher

Du kannst dir ganz einfach ein schönes Rhythmusinstrument basteln. Dieses hier ist aus knallbunten Jogurtbechern gebastelt und mit Reis gefüllt. Es ist ganz schön laut, wenn du es schüttelst!

1 Wasche zwei Jogurtbecher aus und trockne sie gut ab. Fülle eine kleine Hand voll Reis in einen der Becher.

2 Verteile etwas Kleber auf dem oberen Rand eines Bechers. Presse den Rand des zweiten Bechers auf den ersten und drücke die beiden Becher fest zusammen. Lass den Kleber gründlich trocknen, ehe du mit dem Schüttelbecher Musik machst.

Perlen aus Alufolie

Du kannst kleine Stücke der Folie zu Kugeln rollen oder du schneidest dünne Streifen und rollst sie dann zu langen dünnen Perlen, die du auf eine Schnur aufziehst.

1 Drücke und rolle Stückchen von Alufolie zu runden Perlen. Drücke eine Seite jeder Perle platt, sodass du sie mit dieser Fläche als Dekoration auf andere Dinge kleben kannst.

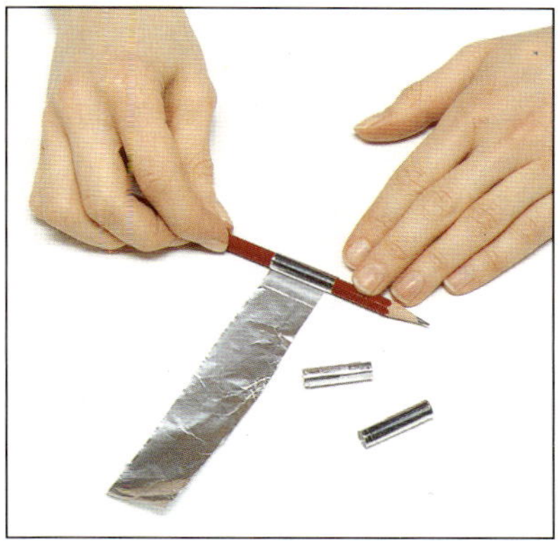

2 Für die länglichen Perlen schneide ein Stück Alufolie in Streifen von zirka 2,5 cm Breite. Lege einen Bleistift auf eine Seite der Folie und rolle den Streifen vorsichtig um den Bleistift. Klebe das Ende des Streifens mit Tesafilm fest.

Papiertüten-maske

Wenn du nicht viel Zeit hast und dich schnell verkleiden willst, mache dir eine tolle Maske aus einer großen braunen Papiertüte. Lass dich nie dazu verführen, eine Maske aus einer Plastiktüte zu machen – das kann sehr gefährlich werden! Ehe du anfängst, prüfe, ob die Tüte nicht etwa zu klein oder viel zu groß für deinen Kopf ist.

1 Zeichne drei Löcher auf die Papiertüte und schneide diese drei Löcher für Augen und Nase mit einer Schere aus.

2 Kremple die Papiertüte an der offenen Seite einige Male um, sodass dir die Maske gerade über das Kinn reicht. Drehe die oberen Ecken der Tüte zu Ohren.

3 Bemale deine Maske vorne und hinten mit Filzstiften.

Vorlagen

Stoffbild

2/3 der Originalgröße

Haarband aus Spüllappen
(Originalgröße)

Kleine Schatzkiste
(Originalgröße)

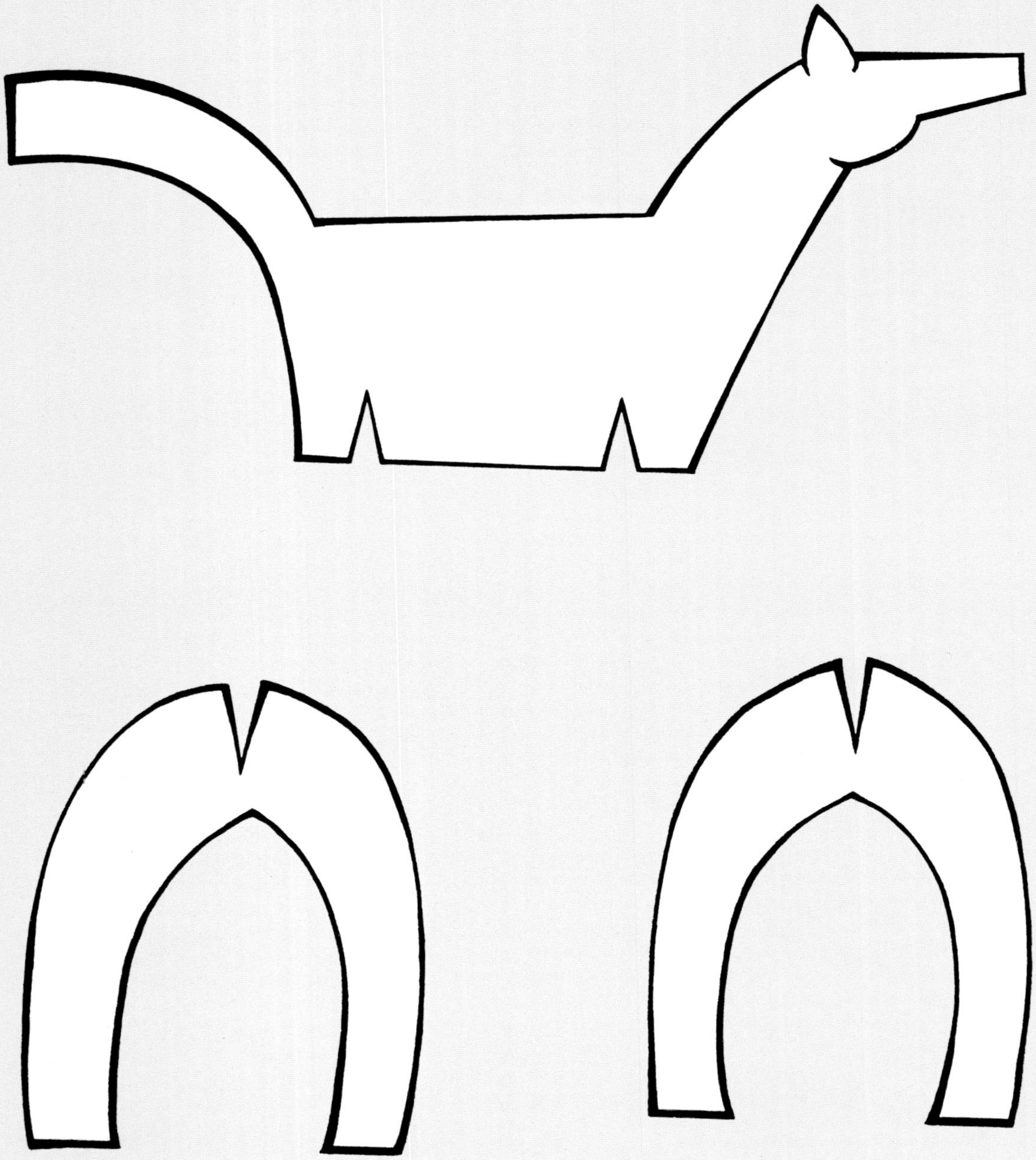

Wäscheklammer-Cowboy
(Originalgröße)

Bilderrahmen aus Pappe
(1/4 der Originalgröße)

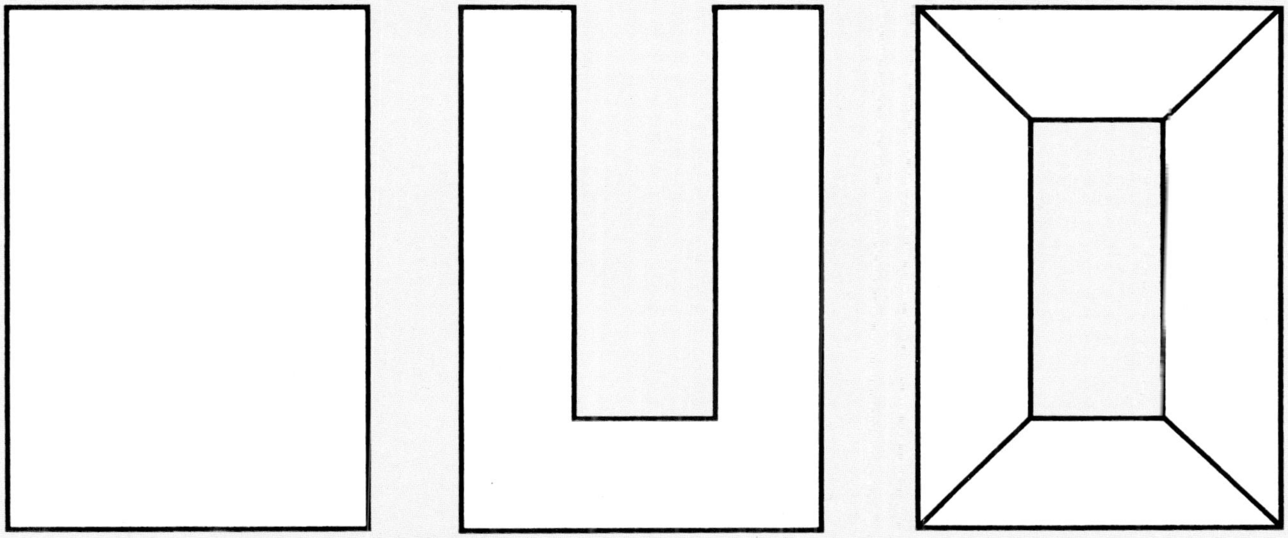

Bilderrahmen aus Zweigen
(1/4 der Originalgröße)

Spielzeug und Puppen

Abfallroboter

Um einen wirklich tollen Roboter zu basteln, brauchst du eine Pralinenschachtel, einen Plastikbecher, ein Stück Wäscheleine, Spülschwämme und Klopapierrollen. Gesicht und Schaltpult des Roboters werden aus vielen kleinen Teilchen zusammengesetzt. Zum Beispiel aus Flaschenverschlüssen, Jogurtbechern und Sicherheitsnadeln. Also halte in der Küche gut Ausschau nach brauchbaren Roboterteilen!

Recyclingtipp

Alufolie kann man öfter als einmal benutzen. Nachdem Lebensmittel darin verpackt waren, kannst du sie vorsichtig mit Seifenwasser waschen, trocknen lassen und wieder verwenden.

MATERIAL

- ✓ extrastarker Kleber
- ✓ 4 Klopapierrollen
- ✓ Wäscheleine
- ✓ Gummis
- ✓ Plastikbecher
- ✓ Alufolie
- ✓ Schere
- ✓ Tesafilm
- ✓ Pralinenschachtel
- ✓ mehrere verschiedene Spülschwämme
- ✓ 2 kleine Jogurtbecher
- ✓ 3 Topfreiniger aus Plastik
- ✓ Flaschenverschlüsse und anderer Kleinkram
- ✓ 2 Schraubenmuttern
- ✓ Sicherheitsnadel
- ✓ Alu-Backförmchen

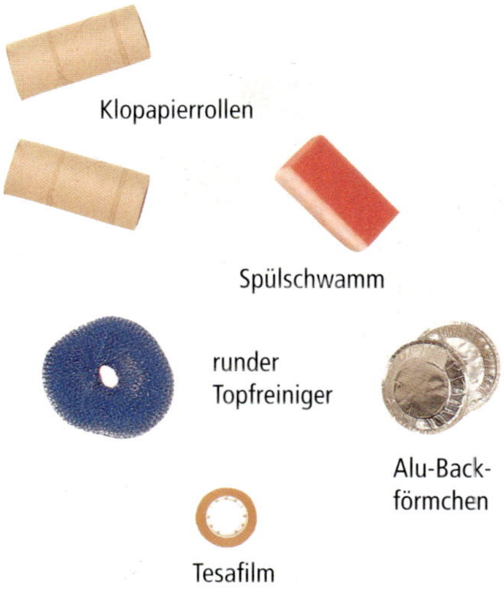

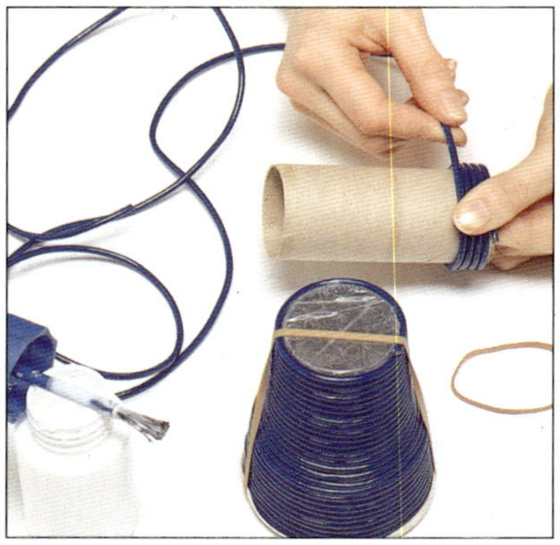

1 Tupfe etwas Kleber an die Enden der Rolle und umwickle sie mit der Wäscheleine. Während der Kleber trocknet, streife einen Gummi darüber. Mache das Gleiche mit dem Plastikbecher.

2 Schneide ein großes Stück Alufolie ab. Zerknittere die Folie vorsichtig, wickle die Pralinenschachtel darin ein und klebe die Folie mit Tesa fest.

3 Schneide zwei Kreise aus einem Spülschwamm und klebe je einen auf zwei der umwickelten Klopapierrollen. An die andere Seite klebe je einen Jogurtbecher.

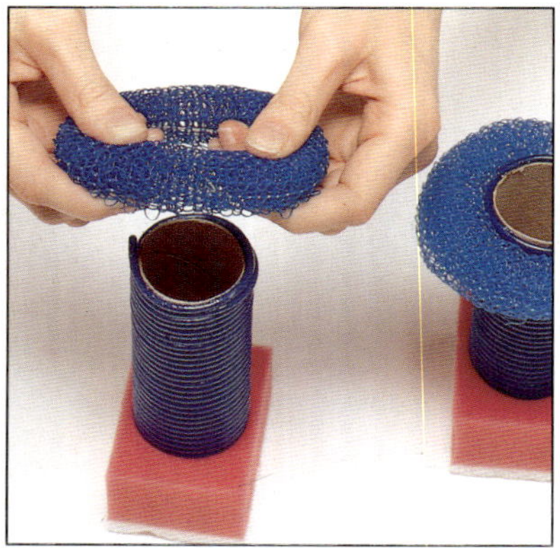

4 Für die Beine des Roboters klebe je einen dicken Spülschwamm auf eine Seite der übrig gebliebenen Klopapierrollen. Über das andere Ende streife je einen runden Plastiktopfreiniger.

5 Klebe die Flaschenverschlüsse und andere Kleinigkeiten auf die Schachtel als Schaltknöpfe. Aus den Schraubenmuttern und der Sicherheitsnadel mache ein Gesicht auf den Plastikbecher.

6 Klebe den Becher oben auf die Schachtel. Stülpe einen runden Topfreiniger darüber. Das ist der Hals. Klebe die Beine unten an die Schachtel und einen Arm auf jede Seite.

Wildwest-Ranch

Jeder Cowboy braucht eine Ranch. Und auf diese hier kann man wirklich stolz sein. Das Ranchhaus ist eine Pappschachtel, die mit Wellpappe beklebt ist. Das passt gut zu den Eisstielen, aus denen das Dach besteht. Und das Haus sieht aus, als wäre es aus Holz. Der Boden ist mit grobem Sandpapier ausgelegt.

Recyclingtipp

Es kann eine Weile dauern, bis du genügend Eisstiele für das Dach beieinander hast. Frag deine Freunde, ob sie auch welche für dich sammeln.

MATERIAL

- ✓ Lineal
- ✓ Schere
- ✓ Wellpappe
- ✓ extrastarker Kleber
- ✓ Pappschachtel
- ✓ braune und grüne Plakafarbe
- ✓ Pinsel
- ✓ Palette zum Mischen der Farbe
- ✓ dünne Pappe
- ✓ Tesafilm
- ✓ hölzerne Eisstiele
- ✓ buntes Papier
- ✓ grobes Sandpapier

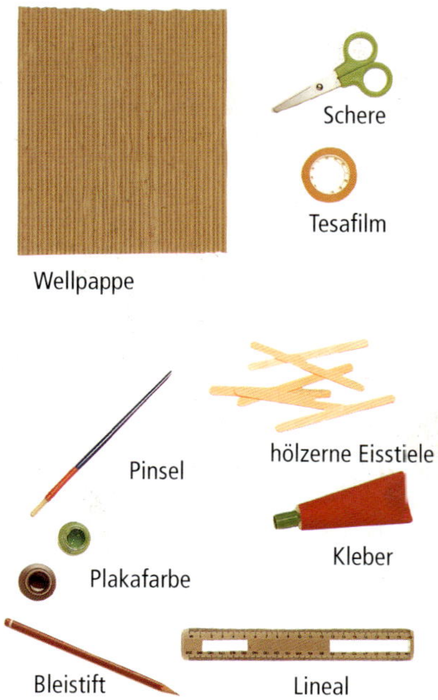

1 Schneide vier passende Stücke Wellpappe zurecht und klebe sie auf die Seitenwände der Pappschachtel. Male sie braun an.

2 Für das Dach schneide zwei Stücke dünner Pappe aus, die etwas länger sind als die Schachtel. Klebe sie auf der Rückseite mit Tesafilm zusammen. Klebe die Eisstiele nebeneinander auf beide Seiten des Daches.

3 Schneide ein Rechteck aus dünner Pappe zurecht, so lang wie die Schachtel, aber 5 cm breiter. Falte auf jeder Seite 2,5 cm nach oben und klebe diese Laschen von innen in das Dach. Klebe das Dach auf das Haus.

4 Schneide für die Fenster zwei Quadrate aus Papier. Falte sie zweimal und schneide ein großes Rechteck aus. Klebe die Fenster auf das Haus. Die Haustür bastle aus Wellpappe .

5 Schneide die Wellpappe auf die Größe des Sandpapiers zurecht. Klebe das Sandpapier auf die Wellpappe.

6 Schneide für den Zaun einen 2,5 cm breiten Streifen Wellpappe aus. Klebe ihn um die Sandpapierfläche und male ihn grün an.

Wäscheklammer-Cowboys

Diese Cowboys warten darauf, auf ihren gescheckten Pferden loszureiten. Sie sind aus altmodischen hölzernen Wäscheklammern gemacht und sehen in ihren karierten Baumwollhemden mit den gepunkteten Halstüchern richtig verwegen aus. Ihre Pferde sind aus dünnem Karton. Sie können von alleine stehen.

MATERIAL

- ✓ weiße, dunkelblaue und rote Plakafarbe
- ✓ Pinsel
- ✓ Palette
- ✓ altmodische hölzerne Wäscheklammern
- ✓ Schere
- ✓ gelbe, rote und weiße Papierschnipsel
- ✓ extrastarker Kleber
- ✓ Pauspapier
- ✓ Bleistift
- ✓ dünne weiße Pappe
- ✓ Filzstifte

1 Bemale den oberen Teil der Wäscheklammer mit weißer Farbe. Die untere Hälfte male blau an, das sind die Jeans des Cowboys.

2 Wenn die Farbe trocken ist, male dem Cowboy mit der Plakafarbe ein Gesicht, Haare und Karos auf sein Hemd.

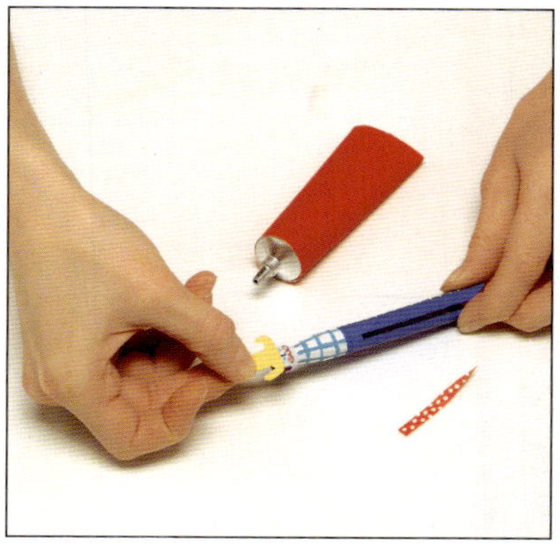

3 Schneide einen Hut aus gelbem Papier. Falte die Krempe nach oben und klebe den Hut am Kopf fest. Schneide aus rotem Papier ein Halstuch aus und male weiße Tupfen darauf. Klebe das Halstuch um den Hals des Cowboys.

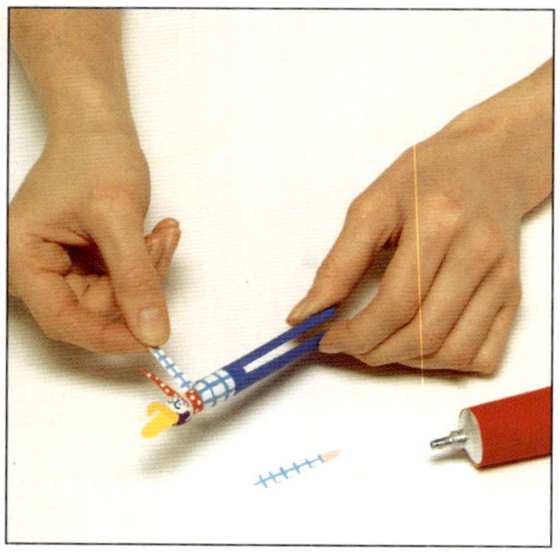

4 Schneide aus weißem Papier Arme aus, male die Hände und verziere den Ärmel mit Karos. Klebe die Arme an den Körper des Cowboys.

5 Pause die Pferdevorlage von S. 20 ab. Übertrage die Vorlage nach der Anleitung auf S. 12 auf die weiße Pappe. Dann schneide die Einzelteile aus.

6 Male dem Pferd ein Gesicht, Schwanz und Schecken. Stecke den Pferdekörper und die Beine an den eingeschlitzten Stellen zusammen und setze den Cowboy auf sein Pferd.

Raumstation

Wenn du gerne mal durch den Weltraum reisen möchtest, bastle dir doch eine eigene Raumstation. Diese hier hat einen Radarschirm und eine Fläche, auf der deine Raketen landen können. Halte Ausschau nach interessant geformten Verpackungen, die du für deine Raumstation verwenden kannst. Dann male alles silbern an – und los geht's!

Recyclingtipp

Du kannst alle möglichen Schachteln und Behältnisse für deine Raumstation gebrauchen. Aber achte darauf, dass sie nicht zu schwer sind, sonst lassen sie sich nicht zusammenkleben.

MATERIAL

- ✓ große und kleine Pappkartons
- ✓ Pinsel
- ✓ Palette
- ✓ silberne Plakafarbe
- ✓ Bastelleim
- ✓ 4 Papierschüsselchen
- ✓ mehrere Papprollen
- ✓ 2 runde Alu-Kuchenformen
- ✓ extrastarker Kleber
- ✓ 2 Margarinebecher
- ✓ Trinkhalme
- ✓ runde Pappschachtel
- ✓ rechteckige Aluminiumbehälter
- ✓ Alufolie

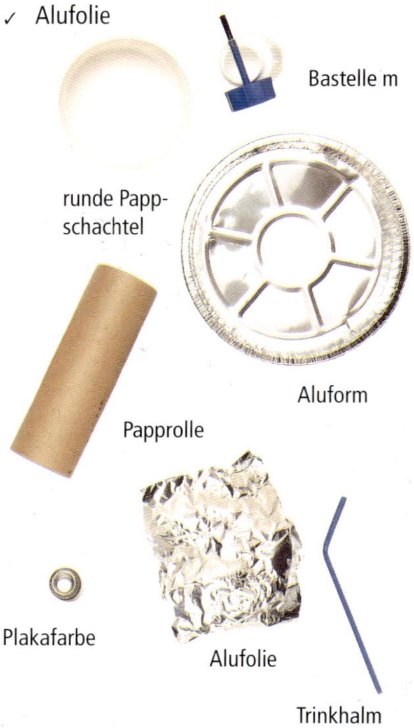

1 Streiche den kleineren und den größeren Pappkarton silbern an. Wahrscheinlich musst du die Kartons zweimal streichen, damit die Farbe gut deckt.

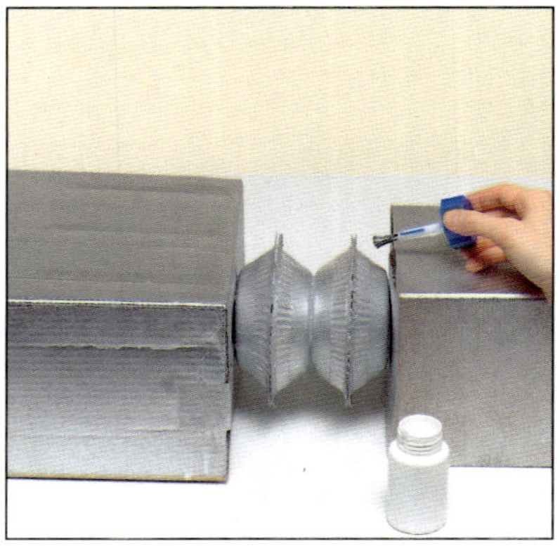

2 Klebe die Ränder von je zwei Papierschüsseln mit Leim zusammen. Male auch sie mit silberner Farbe an und klebe die beiden als Luftschleuse zwischen die beiden großen Kartons.

3 Male die Papprollen silbern an. Klebe die beiden Alu-Kuchenformen an den Rändern zusammen und befestige sie auf einer Papprolle. Klebe alles als Landeplatz auf den großen Karton.

4 Mische ein wenig Leim unter die silberne Farbe und streiche damit die Margarinebecher. Klebe den einen Becher auf die kleinere Papprolle und dann die Papprolle neben den Landeplatz.

5 Klebe die Rollen und den Margarinebecher an den großen Karton. Umwickle einen Trinkhalm mit Alufolie und bastle mit Hilfe einer runden Pappschachtel den Radarschirm.

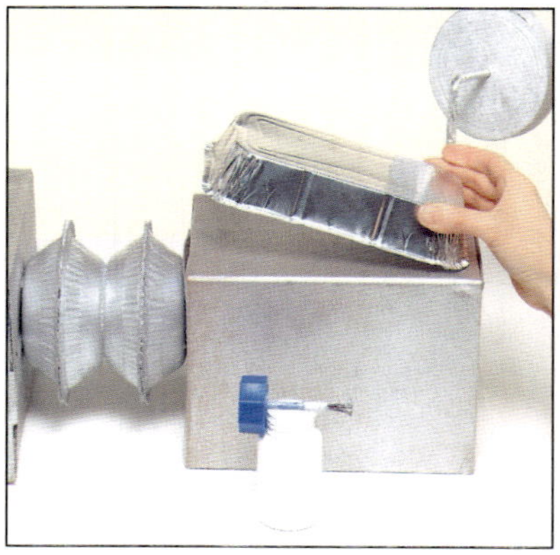

6 Klebe den rechteckigen Aluminiumbehälter verkehrt herum auf den kleineren Karton neben den Radarschirm.

Tanklaster

Sammle Pappschachteln in verschiedener Größe, die etwa wie ein Tanklaster aussehen, wenn sie zusammengeklebt werden.

MATERIAL

- ✓ 4 lange dünne Garnspulen
- ✓ 4 gleich große Flaschendeckel
- ✓ extrastarker Kleber
- ✓ Trinkhalme
- ✓ Schere
- ✓ dünne Pappe
- ✓ quadratische und rechteckige Pappschachteln
- ✓ 2 kürzere Garnrollen
- ✓ weiche Plastikflasche
- ✓ weißes Papier
- ✓ gelbe, blaue und rote Plakafarben
- ✓ Pinsel
- ✓ Palette

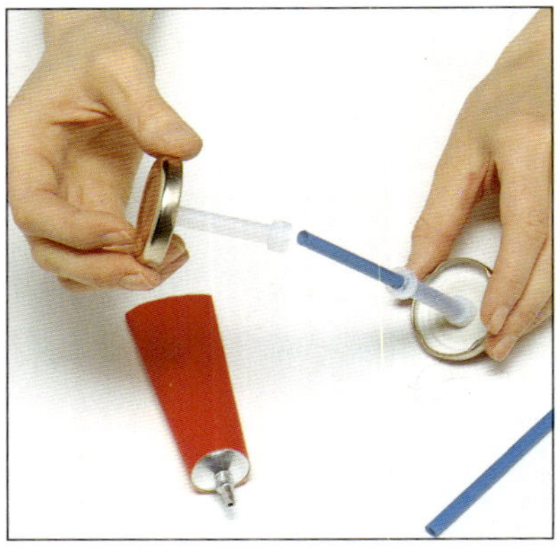

1 Klebe eine lange Garnrolle in die Mitte eines Flaschendeckels. Schneide einen Strohhalm zurecht und verbinde jeweils zwei Räder mit diesen Trinkhalm-Achsen. Klebe die Trinkhalme in den Garnspulen fest.

2 Schneide vier Pappstreifen zurecht, 5 cm lang und 1,5 cm breit. Falte jeden Streifen zu einem U. Streiche Kleber auf ein Ende der Streifen und klebe zwei unter das Führerhäuschen und zwei unter den Anhänger. Stecke ein Paar Räder in jedes U-Paar und klebe die noch offene Seite der U-Streifen zu.

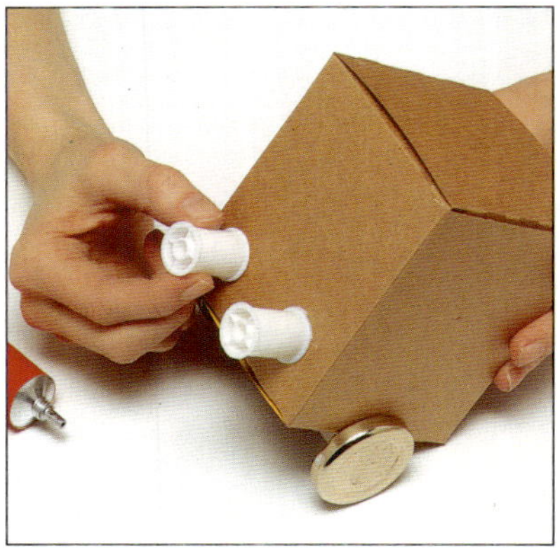

3 Klebe die beiden kurzen Garnspulen an die Rückwand des Führerhäuschens. Streiche Kleber auf die andere Seite der Spulen und verbinde Führerhäuschen und Anhänger mit den Garnspulen.

4 Klebe ein Stück weißes Papier um die weiche Plastikflasche. Klebe die Flasche auf den Anhänger, der dadurch zum Tanklaster wird. Male den Tanklaster mit Plakafarbe an.

Blechbüchsen-Stelzen

Mit diesen Blechbüchsen-Stelzen wirst du gleich viel größer durchs Leben gehen. Verwende stabile Büchsen, die dein Gewicht aushalten. Nimm am besten solche mit wieder verschließbarem Deckel (zum Beispiel Farbbüchsen), die haben keine scharfen Kanten. Bitte einen Erwachsenen die Löcher für die Schnur zu bohren und die Ränder der Löcher glatt zu feilen, damit die scharfen Kanten nicht die Schnur durchreiben.

MATERIAL

- ✓ Lineal
- ✓ Bleistift
- ✓ Geschenkpapier
- ✓ Schere
- ✓ Klebestift
- ✓ 2 stabile Büchsen (z. B. Farbbüchsen)
- ✓ dicke bunte Schnur
- ✓ Tesafilm

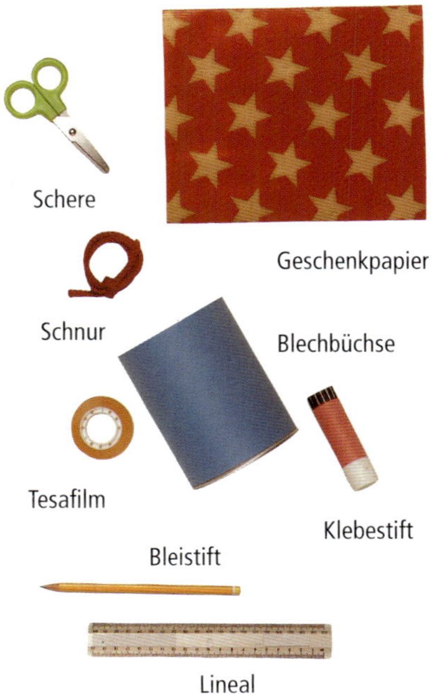

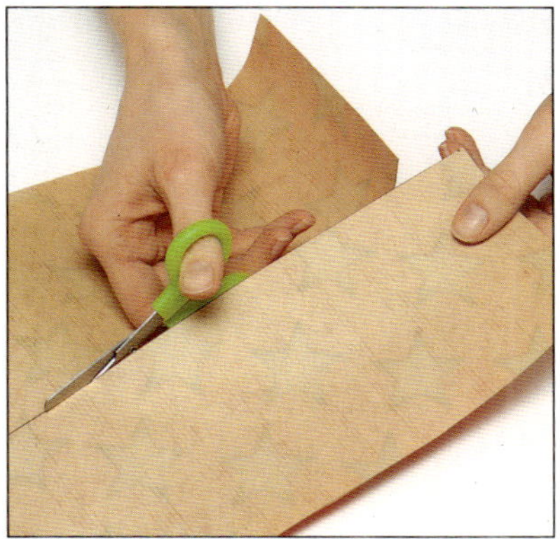

1 Miss zwei Streifen Geschenkpapier ab, die in der Breite und Länge um deine Blechbüchsen passen. Schneide diese Streifen aus.

2 Klebe je einen Papierstreifen um eine Dose. Bitte einen Erwachsenen zwei einander gegenüberliegende Löcher unter den verstärkten Rand der Dose zu bohren.

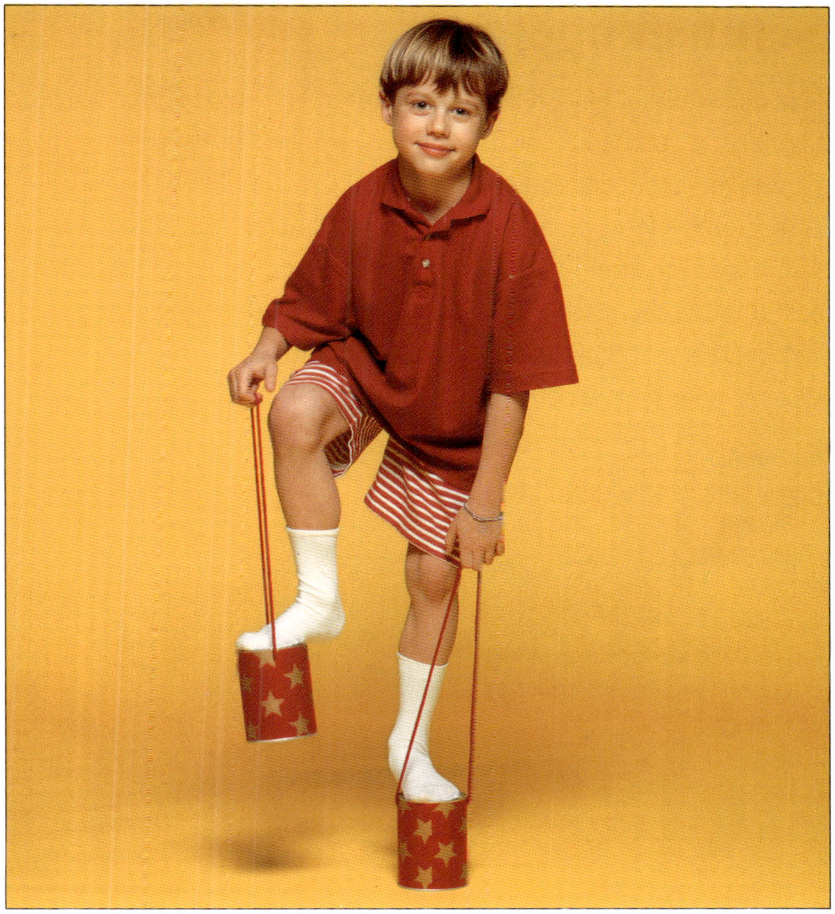

3 Schneide von der Schnur zwei Stücke ab. Die Stücke sollten zweieinhalbmal so lang sein wie der Abstand von deinem Knöchel bis zu deinem Knie.

4 Schiebe die beiden Enden von außen nach innen in die Büchse und mache an jedem Schnurende einen dicken Knoten, damit die Schnur nicht herausrutscht.

Schneekugel

Um die Weihnachtszeit gibt es in jedem Haushalt eine Menge kleiner Figürchen als Weihnachtsdekoration. Einige davon kannst du sicherlich dazu verwenden, um dir eine Schneekugel zu basteln. Klebe die Figuren in ein durchsichtiges Plastikgefäß, füge eine Hand voll Glitter und Wasser hinzu – und schon hast du eine weihnachtliche Schneekugel! Wichtig ist, dass der Deckel des Gefäßes fest und dicht schließt, sonst fließt das Wasser wieder raus.

MATERIAL

- ✓ durchsichtiges Plastikglas mit Deckel
- ✓ Bleistift
- ✓ Alufolie
- ✓ Schere
- ✓ extrastarker Kleber
- ✓ Weihnachtsdekorationen aus Plastik , z. B. Nikolaus, Engel, Christbaum . . .
- ✓ Goldglitter
- ✓ Wasser

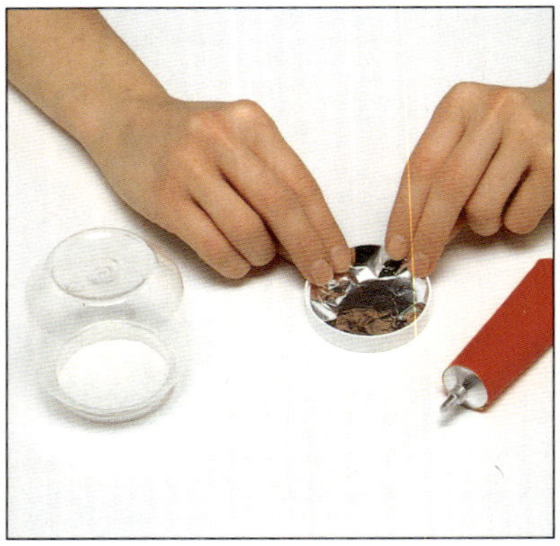

1 Nimm ein sauberes trockenes Plastikglas. Zeichne den Umriss des Glashalses auf Alufolie. Schneide diesen Kreis aus und klebe ihn innen auf den Deckel.

2 Klebe deine Figuren auf die Alufolie und lass den Kleber über Nacht gut trocknen.

3 Fülle das Plastikglas fast bis zum Rand mit Wasser. Füge vorsichtig einen Teelöffel Goldglitter hinzu und rühre ihn ins Wasser.

4 Gib Kleber auf den oberen Rand des Glases. Tauche den Deckel mit deinen Dekorationen vorsichtig in das Glas und schraube ihn fest. Jetzt kannst du es schneien lassen.

Katzenmaske

Du kannst die Pappteller entweder flach verwenden und einfach Löcher für Augen und Mund hineinschneiden oder du gestaltest sie ein wenig kunstvoller und bastelst sie so, dass du deine Maske auch richtig aufsetzen kannst.

MATERIAL

- ✓ Bleistift
- ✓ Pappteller
- ✓ Schere
- ✓ Plakafarben in Orange, Blau, Rot und Gelb
- ✓ Pinsel
- ✓ Palette

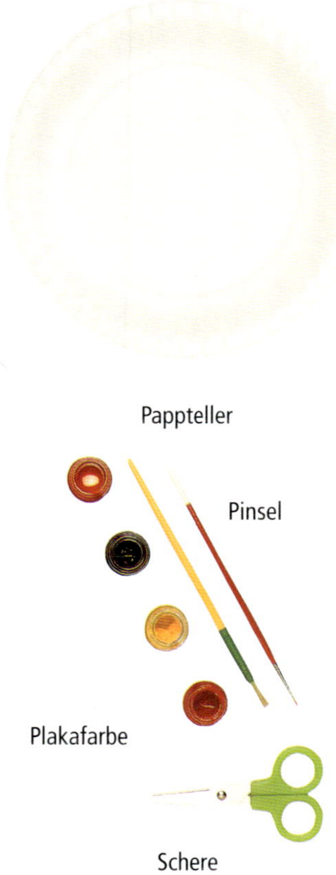

1 Zeichne ein Maskengesicht mit Bleistift auf die Rückseite eines Papptellers.

2 Schneide die oberen Umrisse der Maske aus. Bitte einen Erwachsenen die Augenlöcher auszuschneiden.

3 Male das Gesicht der Katze orange an. Das Halsband male blau. Spare vier weiße Punkte aus, die du später ausmalst.

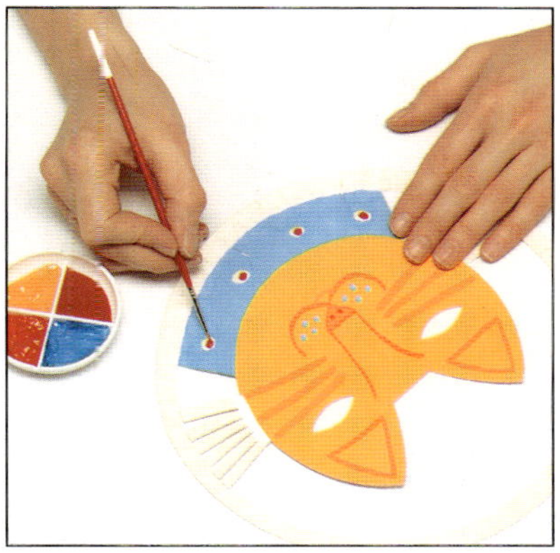

4 Wenn die Farbe trocken ist, male der Katze ein Gesicht und verziere das Halsband.

Tiermasken aus Papiertüten

Mit großen Papiertüten kann man schnell und einfach tolle Masken basteln. Man kann sie zu allen möglichen Formen zurechtschneiden und mit Filzstiften anmalen.

MATERIAL

- ✓ Bleistift
- ✓ 2 große Papiertüten
- ✓ Schere
- ✓ Alleskleber
- ✓ Filzstifte in Orange, Rot und Schwarz

1 Zeichne drei Löcher für Augen und Mund auf deine Papiertüte. Schneide die Löcher aus.

2 Zeichne zwei Ohren entlang des Tütenbodens und schneide sie aus. Klebe die Ohrspitzen wieder zusammen.

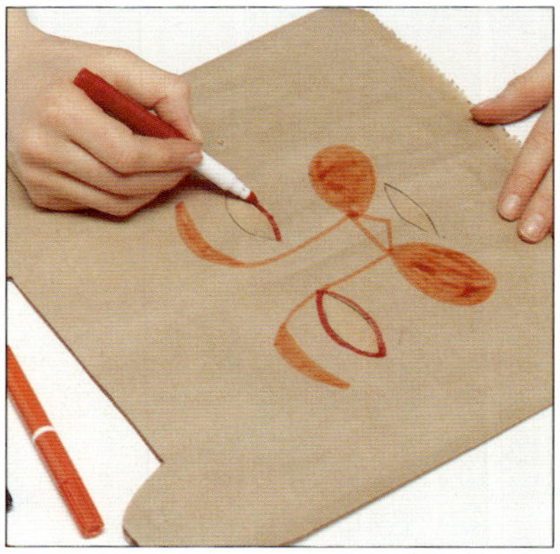

3 Male mit Filzstiften ein Tiergesicht auf die Tüte. Male rote Linien um die Augen, sodass sie stark hervorgehoben werden.

4 Schneide drei breite Streifen von einer zweiten Tüte ab und schneide lange Fransen in jeden Streifen. Klebe die Streifen mit der nicht eingeschnittenen Fläche als Mähne neben und über das Tiergesicht.

Garnrollen-Roboter

Dieser Roboter ist aus Garnrollen und Aluförmchen gemacht. Die Garnrollen kann man durch das Loch in der Mitte sehr gut miteinander verbinden.

MATERIAL

- ✓ Schere
- ✓ Alufolie
- ✓ 17 kleine Garnspulen
- ✓ 1 große Garnspule
- ✓ Tesafilm
- ✓ Stopfnadel
- ✓ dünnes Gummiband
- ✓ 4 kleine Aluförmchen
- ✓ Büroklammern
- ✓ Druckknöpfe
- ✓ extrastarker Kleber

Kleber

Büroklammern

Alufolie

Druckknöpfe

Schere

Aluförmchen

Garnspulen

1 Schneide Streifen aus Alufolie und umwickle die Spulen mit der Folie. Dann fädle das Gummiband in die Stopfnadel und mache einen dicken Knoten in das untere Ende.

2 Bitte einen Erwachsenen in zwei der Aluförmchen je ein Loch zu stechen, in ein drittes zwei Löcher. Fädle ein Förmchen auf das Gummiband, dann drei kleine Garnspulen, das Förmchen mit den zwei Löchern, wieder drei kleine Garnspulen, schließlich das dritte Aluförmchen. Verknote das Ende des Gummibandes sorgfältig.

3 Bitte einen Erwachsenen ein Loch in die Mitte des letzten Förmchens zu stechen. Dann fädle das Aluförmchen, drei kleine und eine große Garnrolle hintereinander auf und sichere den Faden oben mit einer Büroklammer.

4 Für einen Arm knote eine Büroklammer an das Ende eines Gummis. Fädle vier Garnrollen auf. Klebe dann die beiden Aluförmchen aufeinander. Binde die Arme an den Körper und bastle aus den übrigen Einzelteilen ein Gesicht.

Weltraumkatze

Hallo, Erdlinge! Sammelt kleine bunte Jogurtbecher, um diese lustige, getupfte Weltraumkatze zu basteln. Ihre Beine sind aus bunten Trinkhalmen und sie steht auf flachen Knopffüßen. Für den Kopf suche einen Flaschenverschluss, der zwei kleine Höcker hat, die wie Ohren aussehen.

Recyclingtipp

Wasche die Jogurtbecher gründlich mit warmen Seifenwasser aus, bevor du sie weiterverarbeitest.

MATERIAL

- ✓ Trinkhalme
- ✓ Lineal
- ✓ Schere
- ✓ dünnes Gummiband
- ✓ Knöpfe
- ✓ Holzperlen
- ✓ 2 kleine bunte Jogurtbecher
- ✓ extrastarker Kleber
- ✓ selbstklebende Papierpunkte
- ✓ Plastikverschluss einer Flasche
- ✓ schwarzer Filzstift

1 Schneide Trinkhalme in vier 6 cm lange Stücke. Schneide von dem dünnen Gummiband vier 30 cm lange Stücke ab.

2 Für die Beine: Fädle einen Knopf auf ein Stück Gummiband, schiebe den Knopf in die Mitte des Gummis. Halte die beiden Enden zusammen und fädle eine Holzperle und ein Stück Trinkhalm auf. Wiederhole das für alle vier Beine.

3 Bitte einen Erwachsenen je zwei Löcher in die beiden Jogurtbecher zu stechen, in einen der beiden ein drittes für den Schwanz. Schiebe von außen in jedes Loch die Gummibänder eines Beines und verknote sie fest.

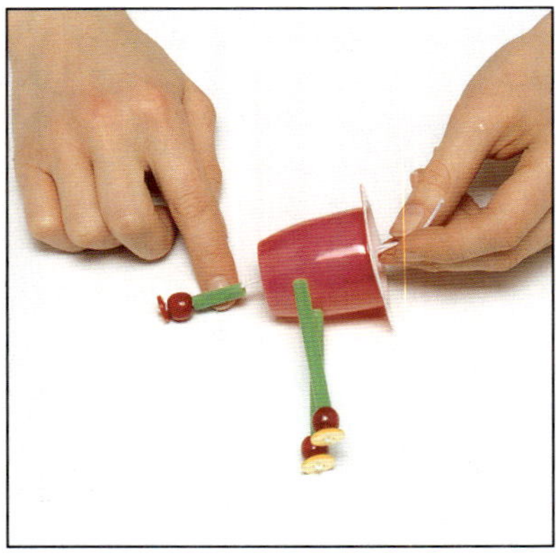

4 Für den Schwanz fädle einen Knopf, eine Perle und ein 2 cm langes Stück Trinkhalm auf ein 20 cm langes Gummiband. Schiebe das Gummiband durch das Schwanzloch und verknote es sorgfältig.

5 Streiche Kleber auf die Ränder beider Becher und presse sie zusammen. Verziere die Weltraumkatze mit den selbstklebenden Papierpunkten.

6 Klebe mit den Punkten ein Gesicht auf den Verschluss, male mit Filzstift Pupillen in die Augen und klebe den Verschluss als Kopf vorne auf den Körper.

Fernsehapparat

Anstatt fernzusehen, bastle dir doch lieber selbst einen Fernseher und mache dein eigenes Fernsehprogramm. Beklebe einen Karton mit Alufolie, bastle eine Antenne dazu und werde ein Fernsehstar.

Recyclingtipp

Du brauchst ziemlich viel Alufolie für den Fernseher. Um diese zu sparen, könntest du ihn auch mit silberner Farbe anmalen.

MATERIAL

- ✓ Schere
- ✓ großer Karton
- ✓ Bleistift
- ✓ Alufolie
- ✓ Lineal
- ✓ Tesafilm
- ✓ buntes Papier
- ✓ Bastelleim
- ✓ rundes Aluförmchen
- ✓ 2 Stricknadeln mit abgerundeten Enden
- ✓ 3 Flaschenverschlüsse

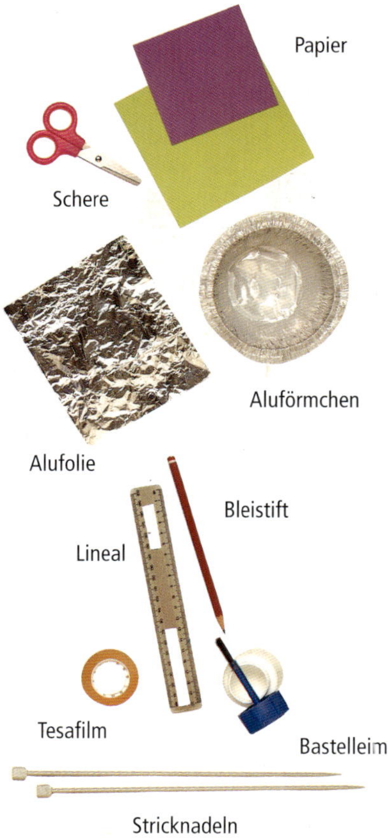

1 Schneide die Schließklappen des Kartons ab. Bitte einen Erwachsenen dir zu helfen, wenn der Karton sehr dick ist.

2 Zeichne mit dem Lineal ein großes Quadrat auf eine Kartonseite und bitte einen Erwachsenen es für dich auszuschneiden. Lass an einer Seite genug Platz für die Schalter!

3 Schneide große Stücke Alufolie ab, knittere sie ein wenig und klebe sie mit Tesafilm überall rund um den Karton.

4 Beklebe die Seite gegenüber deiner Bildschirmöffnung von innen mit buntem Papier. Jetzt hast du einen farbigen Hintergrund.

5 Streiche Kleber auf den Rand des Aluförmchens und klebe es verkehrt herum auf deinen Fernseher. Stecke die Stricknadeln in das Aluförmchen, klebe sie fest – fertig ist die Antenne.

6 Schneide einen rechteckigen Streifen aus buntem Papier und klebe es als Untergrund für die Schaltknöpfe neben den Bildschirm. Klebe die drei Flaschenverschlüsse darauf fest.

Wäscheklammer-Esel

Manchmal erinnert dich irgendein Gegenstand an etwas anderes. Zum Beispiel sieht so eine altmodische hölzerne Wäscheklammer, auf den Kopf gestellt, wie der Kopf eines Esels aus. Richtig herum verwendet, wird daraus ein Bein mit Hufen am Ende. Dieser kleine Esel ist aus fünf hölzernen Wäscheklammern und einer Klopapierrolle gebastelt. Angemalt sieht er einfach toll aus.

MATERIAL

- ✓ Klopapierrolle
- ✓ dünne Pappe
- ✓ Wellpappe
- ✓ Bleistift
- ✓ Schere
- ✓ extrastarker Kleber
- ✓ 5 altmodische hölzerne Wäscheklammern
- ✓ Gummis
- ✓ lila, weiße und braune Plakafarbe
- ✓ Pinsel
- ✓ Palette

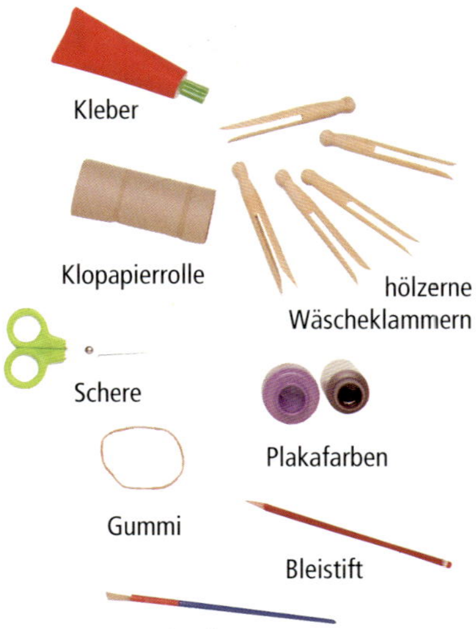

1 Stelle die Klopapierrolle auf die dünne Pappe und zeichne zweimal ihre Umrisse nach. Schneide die beiden Kreise aus und klebe sie auf beide Enden der Rolle.

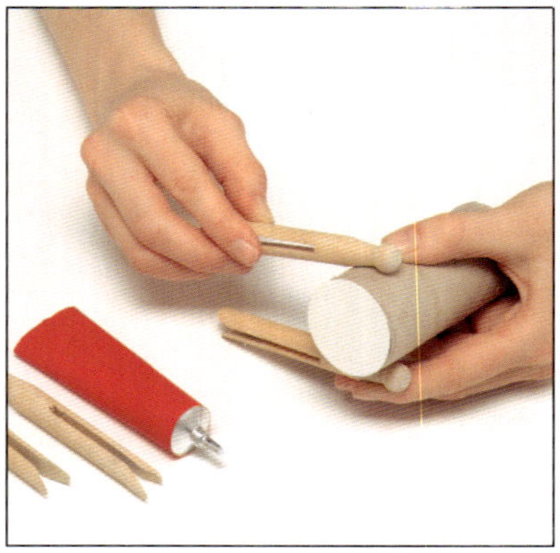

2 Klebe vier Wäscheklammern als Beine an die Klopapierrolle. Befestige sie zusätzlich mit einem Gummi, während der Kleber trocknet.

3 Schneide einen schmalen Streifen Wellpappe ab und klebe ihn an ein Ende der Klopapierrolle. Darauf klebe die Wäscheklammer als Kopf.

4 Male den Esel lila an. Sobald die Farbe trocken ist, male ihm die Flecken und Augen auf. Hufe, Ohren und Schnauze male braun an.

Wabbelschlange

Diese wabbelige Schlange ist ganz einfach aus Plastiktüten, Trinkhalmen und einem kleinen Jogurtbecher gebastelt. Plastiktüten gibt es in allen möglichen bunten Farben. Wenn du eine besonders schöne siehst, hebe sie auf!

MATERIAL

- ✓ Schere
- ✓ grüne und gelbe Plastiktüten
- ✓ grüne und gelbe Trinkhalme
- ✓ dünne bunte Schnur
- ✓ 3 Holzperlen
- ✓ kleiner Jogurtbecher
- ✓ Bleistift
- ✓ dünne Pappe
- ✓ Stopfnadel
- ✓ Alleskleber
- ✓ rote Plastiktüte

1 Schneide ungefähr je 15 gleich große Kreise aus den Plastiktüten. Falte jeden Kreis zweimal und schneide die Spitze ab, damit ein Loch in der Mitte entsteht.

2 Schneide zirka 1 cm lange Stücke von den Trinkhalmen ab. Du brauchst etwa 20 von jeder Farbe. Fädle mit der Stopfnadel eine Perle auf eine Schnur und dann sechs Trinkhalmstücke. Fädle einen grünen Kreis, ein Stück grünen Trinkhalm, einen gelben Kreis, einen gelben Trinkhalm auf – mache so weiter, bis du alles verbraucht hast.

3 Für den Kopf schneide den Rand des Jogurtbechers etwas schmaler, zeichne die Umrisse auf ein Stück Pappe und schneide es aus. Bitte einen Erwachsenen dir ein Loch in die Mitte der Pappe und in den Boden des Bechers zu machen.

4 Fädle die Pappe und den Becher auf die Schnur und klebe dann beides zusammen. Schneide aus der roten Plastiktüte eine Zunge aus und klebe sie auf den Boden des Bechers. Klebe zwei Holzperlen als Augen obendrauf.

Sockenschlange

Eine gute Möglichkeit, alte Socken wieder zu verwerten, ist es, Handpuppen daraus zu basteln. Diese Schlangen sind mit knallbuntem Filz verziert. Und wenn du eine Sockenschlange gebastelt hast, musst du ihr natürlich noch weitere zur Gesellschaft machen!

MATERIAL

- ✓ bunte Filzreste
- ✓ Schere
- ✓ Alleskleber
- ✓ Socken

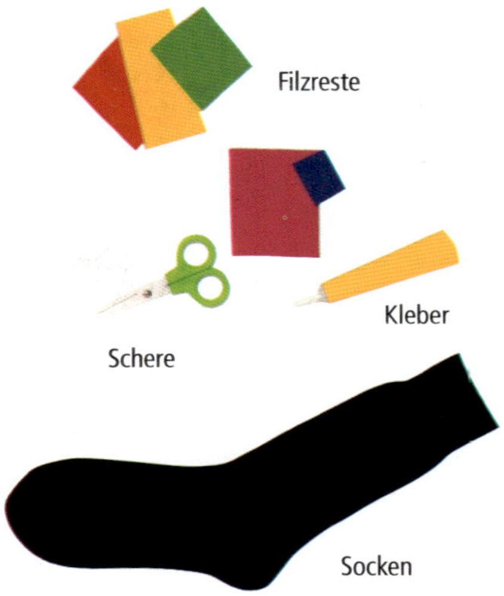

1 Für die Augen der Schlange schneide zwei große und zwei kleine Kreise aus Filz aus. Klebe die kleineren in die Mitte der größeren.

2 Klebe die Augen oben auf den Socken.

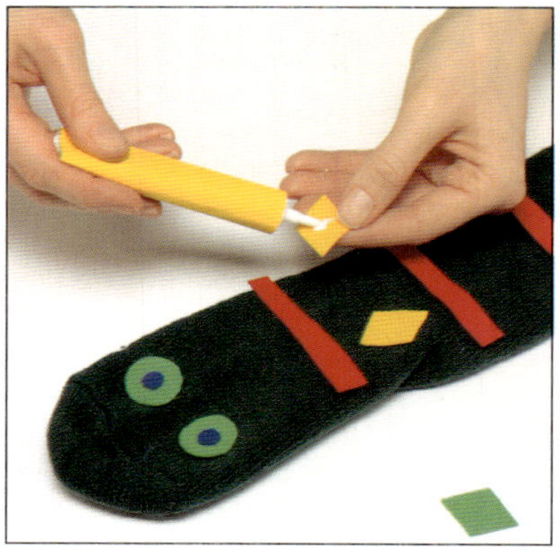

3 Schneide aus Filz Streifen und Rauten in verschiedenen Farben aus und klebe sie in regelmäßigen Abständen auf den Socken. Wechsle zwischen Streifen und Rauten ab.

4 Schneide eine gespaltene Zunge aus rotem Filz und klebe sie ganz vorne in die Mitte des Sockens. Lass die aufgeklebten Filzstücke erst gut trocknen, ehe du mit der Sockenpuppe spielst.

Kochlöffel-Puppen

Puppen kann man aus allem Möglichen basteln. Kochlöffel eignen sich besonders gut, weil sie genau die richtige Form für Kopf und Körper haben. Hülle den Stiel in einen schönen Stoff, male ein Gesicht auf den Löffel – fertig ist die Puppe!

MATERIAL

- ✓ Holzlöffel
- ✓ rosa, blaue, braune und gelbe Plakafarbe
- ✓ Pinsel
- ✓ Palette
- ✓ Bleistift
- ✓ Lineal
- ✓ Stoff
- ✓ Schere
- ✓ Stopfnadel
- ✓ passendes Garn
- ✓ extrastarker Kleber
- ✓ Reste von Geschenkband
- ✓ Goldfolie, bunte Folie

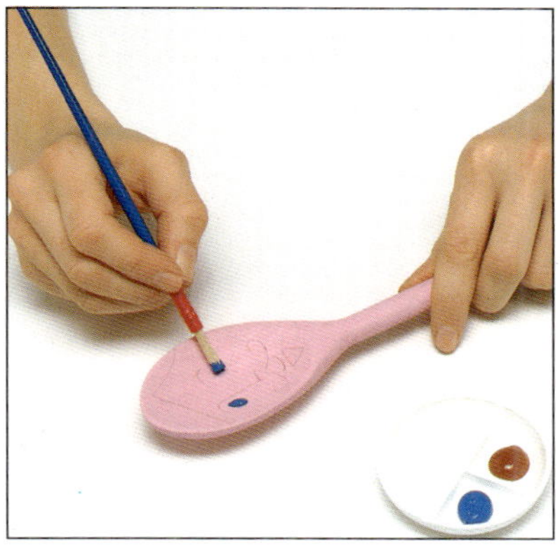

1 Male den oberen Teil des Kochlöffels rosa an und lass ihn trocknen. Zeichne mit Bleistift Augen, Nase, Mund und Haare vor und male sie dann mit Plakafarbe aus.

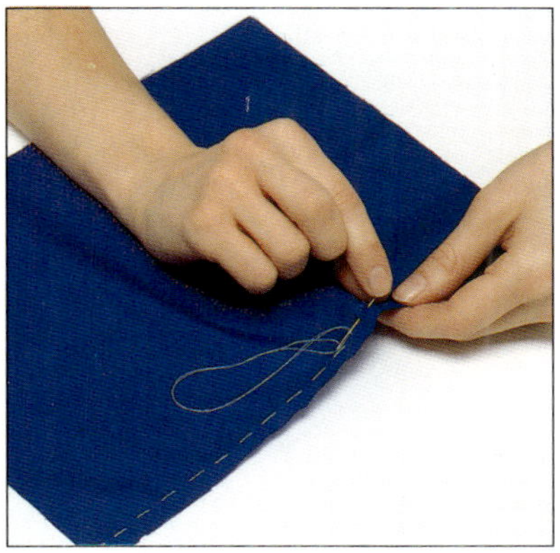

2 Schneide ein Stück Stoff zu, das 30 cm breit und so lang ist wie der Holzlöffel. Nähe den Stoff am oberen Rand mit Heftstichen zusammen und raffe ihn durch den eingezogenen Faden zusammen. Verknote die Fadenenden.

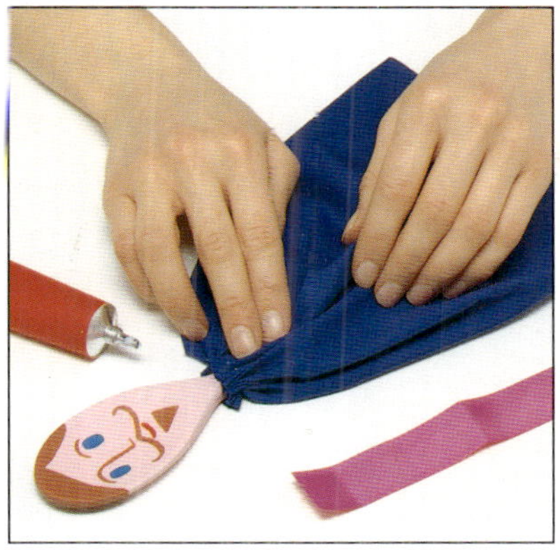

3 Klebe den zusammengerafften Stoff unterhalb des Gesichtes um den Löffelgriff. Klebe ein kurzes Stück Geschenkband um den Puppenhals, damit der Stoffansatz verborgen wird.

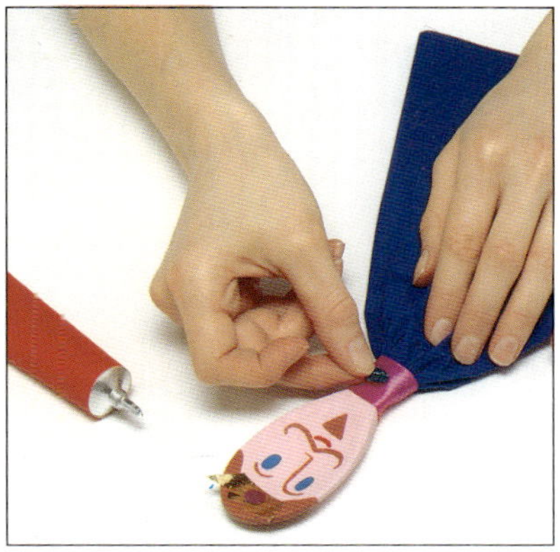

4 Schneide eine Krone aus Goldfolie aus und klebe sie auf. Schneide zwei kleine Kreise als Juwelen aus der bunten Folie und klebe einen auf die Krone und einen auf das Halsband.

Stabpuppe

Mach dir eine Stabpuppe aus einem hölzernen Kochlöffel und einem Plastikblumentopf. Diese Puppe hier ist eine Katze, aber du kannst nach dieser Bastelanleitung natürlich ganz verschiedene Puppen basteln!

Recyclingtipp

Frag vorher um Erlaubnis, ehe du dir einen Holzlöffel aus der Küche holst.

MATERIAL

- ✓ Lineal
- ✓ orangefarbener Filz
- ✓ Schere
- ✓ Blumentopf
- ✓ Stecknadeln
- ✓ Stopfnadel
- ✓ Garn
- ✓ extrastarker Kleber
- ✓ Plakafarbe in Orange, Rot und Blau
- ✓ mitteldicker Pinsel
- ✓ feiner Pinsel
- ✓ Palette
- ✓ Holzlöffel mit langem Stiel
- ✓ Filzstifte
- ✓ kleines Glöckchen
- ✓ dünne bunte Schnur
- ✓ selbstklebende bunte Papierpunkte

1 Schneide ein 20 cm breites Stück Filz ab, das um die Innenseite des Blumentopfes passt und sogar noch 2 cm länger ist.

2 Falte den Filz einmal der Breite nach. Stecke die kürzeren Seiten mit den Stecknadeln zusammen und nähe sie mit kleinen Heftstichen aufeinander. Umnähe die lange Seite des Filzes mit großen Heftstichen. Lass die Fäden lang, um den Stoff zu raffen.

3 Klebe die zusammengefaltete Seite des Filzes an die Innenseite des Blumentopfes. Die Seite, die zusammengerafft werden kann, zeigt nach oben.

4 Streiche den Holzlöffel orange. Wenn die Farbe trocken ist, zeichne ein Katzengesicht mit dem Filzstift vor und male es dann mit dem feinen Pinsel auf. Klebe zwei Dreiecke als Ohren von hinten auf den Katzenkopf.

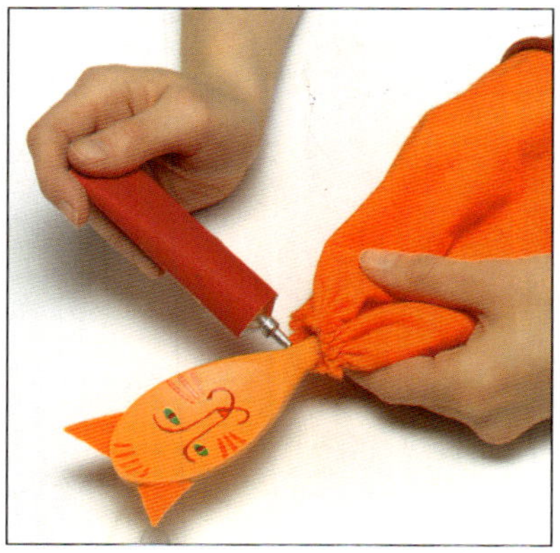

5 Stecke den Griff des Löffels von oben durch das Loch im Boden des Blumentopfes. Ziehe an den Fäden, raffe den Filz zusammen und verknote die Fäden. Klebe den zusammengerafften Filz am Hals der Katze fest.

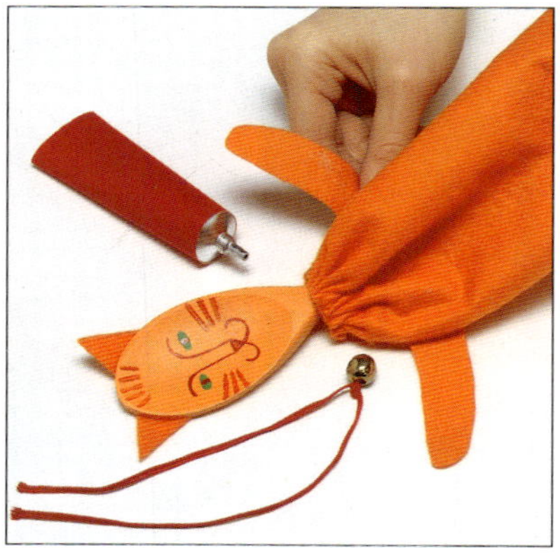

6 Schneide zwei Arme aus dem Filz und klebe sie auf den Filzkörper der Katze. Binde das Glöckchen an die bunte Schnur und wickle es der Katze um den Hals. Beklebe den Rand des Blumentopfes mit Papierpunkten.

Fingerhandschuh-Puppen

Wenn du einen Handschuh verloren hast und nicht weißt, was du mit dem übrig gebliebenen Handschuh anfangen sollst, bastle doch eine lustige Puppenfamilie mit einem kleinen Vogel. Die Haare der Figuren sind aus Wollresten und ihre Gesichter sind aus kleinen Perlen und anderen dekorativen Dingen gemacht. Mit ein paar Filzresten wird deine Puppenfamilie richtig schön bunt!

MATERIAL

- ✓ dicker blauer und grüner Baumwollfaden
- ✓ Stopfnadel
- ✓ Handschuh
- ✓ Schere
- ✓ Geschenkband
- ✓ dünne Filzstifte
- ✓ Filzreste
- ✓ Bastelleim
- ✓ kleine Perlen und Knöpfe

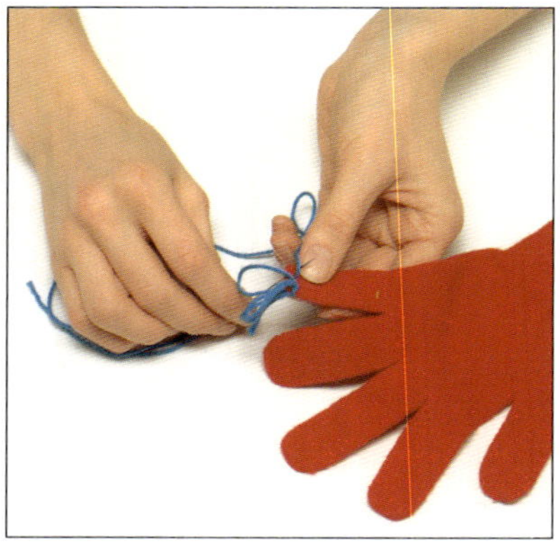

1 Für das blaue Haar nähe kleine Schlaufen in das obere Ende des Handschuhfingers. Mache hinter jeder Schlaufe einen Stich, damit sie nicht verrutscht.

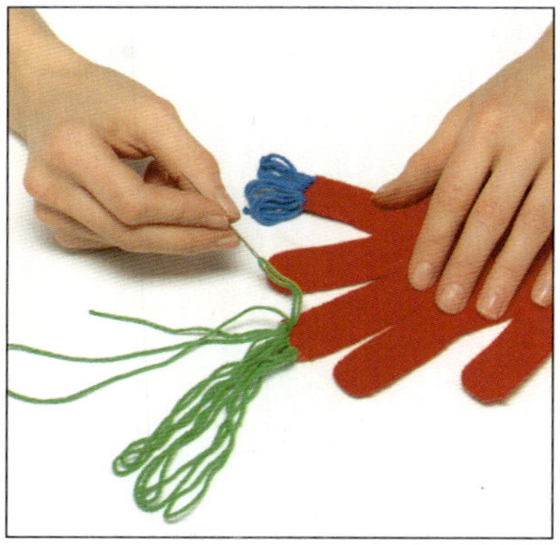

2 Für den Zopf nähe viele lange Schlaufen. Mache auch hier nach jeder Schlaufe einen kleinen Zwischenstich, damit die Schlaufen nicht verrutschen.

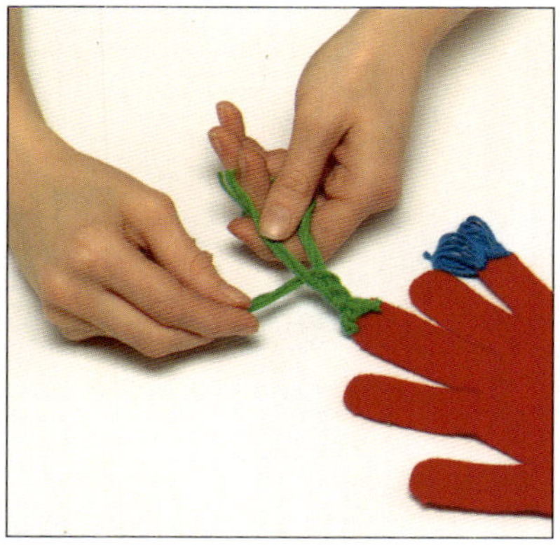

3 Schneide die Enden aller Schlaufen auf und flechte aus den langen Fäden einen Zopf. Binde ihn mit einem Geschenkband zusammen.

4 Zeichne für die anderen Finger Haare, Fliege, Mund, Nase, Schnabel usw. mit Filzstift auf die Filzreste und schneide sie aus.

5 Klebe die Filzstücke mit Bastelleim auf die Handschuhfinger.

6 Nähe die Perlen, Knöpfe und was du sonst noch hast, auf den Handschuh. Lass den Kleber gut trocknen, ehe du mit deinem Fingerpuppenhandschuh spielst.

Flipper-Automat

Mit diesem Flipper-Automaten wirst du garantiert keine Langeweile mehr haben! Die Poller sind aus Garnrollen und Jogurtbechern gemacht und die Kugel wird durch Gummis im Flipper gehalten. Bitte einen Erwachsenen die Garnrollen mit extrastarkem Kleber auf den Flipper zu kleben, damit die Gummis die Poller nicht wieder von der Spielfläche ziehen.

WIE MAN FLIPPERT

Das Ziel des Spieles ist es, den Ball so lange wie möglich in Bewegung zu halten. Stoppe die Zeit, wie lange es dauert, ehe der Ball wieder zum Anfang zurückrollt.

MATERIAL

- ✓ Schere
- ✓ dünne Pappe
- ✓ rote, gelbe und blaue Plakafarbe
- ✓ Palette
- ✓ Pinsel
- ✓ Bastelleim
- ✓ 17 Garnrollen
- ✓ extrastarker Kleber
- ✓ selbstklebende bunte Papierpunkte
- ✓ 3 kleine Jogurtbecher
- ✓ Styroporplatte (90 cm x 60 cm)
- ✓ Bleistift
- ✓ buntes Papier
- ✓ große dünne Gummis
- ✓ große Murmel

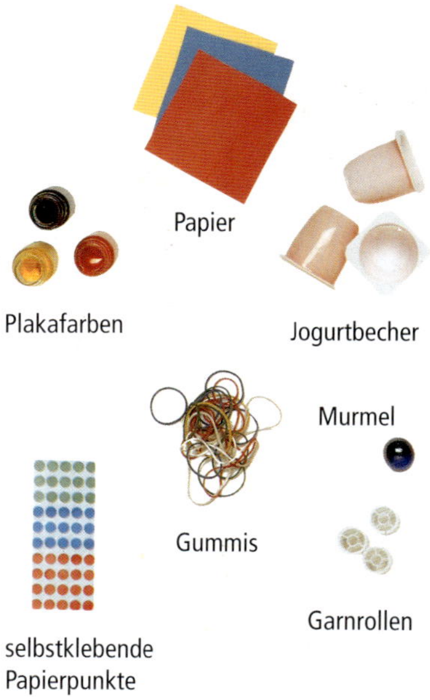

1 Schneide kleine Pappkreise aus, um sie oben auf die Garnrollen zu kleben. Male die Pappkreise bunt an.

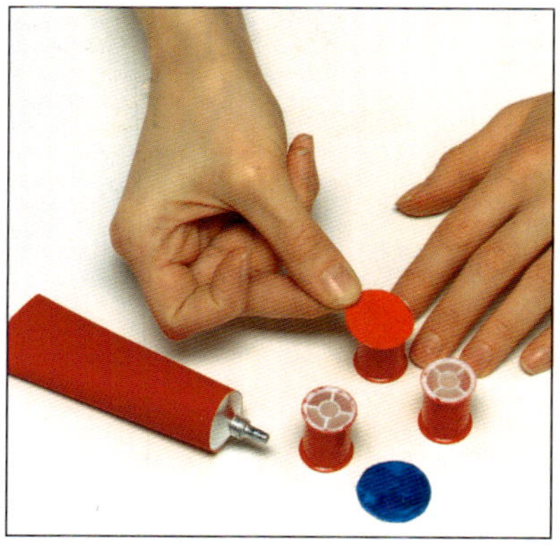

2 Mische ein wenig Leim unter die rote Plakafarbe und streiche alle Garnspulen an. Wenn sie trocken sind, klebe ihnen einen Pappkreis auf und in dessen Mitte einen Papierpunkt.

3 Verkleinere vorsichtig den Rand der Jogurtbecher, damit die Murmel nicht daran hängen bleibt. Klebe dann ein großes Stück Pappe auf die Styroporplatte. Das ist das Flipperfeld.

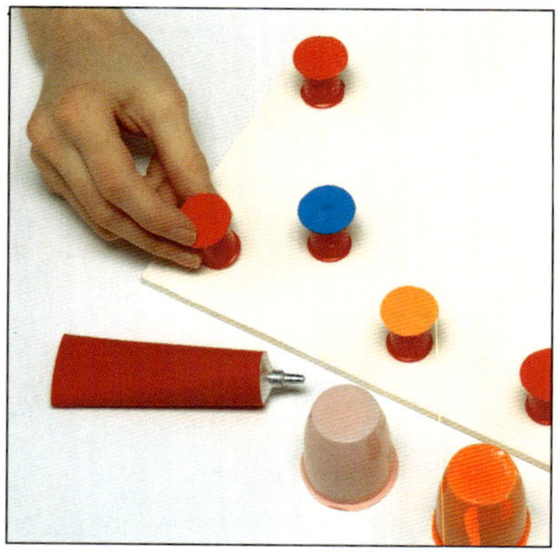

4 Lege die Positionen der Poller auf dem Flipper fest. Die Pollerlinie sollte etwas abgeschrägt sein. Klebe die Garnrollen fest und lass sie über Nacht trocknen.

5 Zeichne Pfeile, Sterne und Zahlen auf buntes Papier, schneide sie aus und klebe sie auf den Flipper.

6 Spanne zwischen allen Garnrollen einen Gummi. Du brauchst einen extra Gummi am unteren Ende, um damit die Murmel loszuschießen.

50
50
50
100

Einarmiger Bandit

Versuche dein Glück mit diesem „Einarmigen Banditen“. Auf jede Garnspule sind drei Symbole aufgeklebt. Drehe sie, und wenn sie alle das gleiche Symbol zeigen, nimm dir deinen „süßen“ Gewinn.

MATERIAL

- ✓ Cornflakes-Schachtel
- ✓ kleine Pappschachtel
- ✓ Bleistift
- ✓ Schere
- ✓ Klebestift
- ✓ rotes, gelbes und grünes Papier
- ✓ Stricknadel mit abgerundetem Ende
- ✓ 3 große Garnspulen
- ✓ 4 kleine Garnspulen
- ✓ Korken
- ✓ rosa und grüne Plakafarbe
- ✓ Pinsel
- ✓ Palette
- ✓ Süßigkeiten

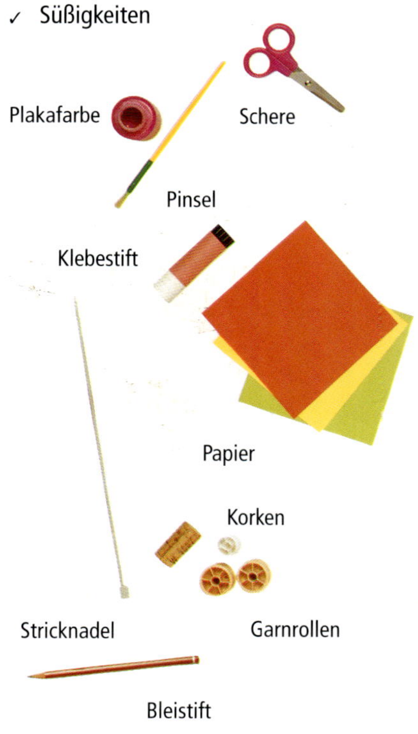

1 Zeichne auf die große Schachtel drei Öffnungen für die Garnrollen. Bitte einen Erwachsenen sie auszuschneiden und an der Seite Löcher für die Stricknadel zu stechen. Zeichne ein Rechteck auf die kleinere Schachtel und lass es ausschneiden. Klebe in die kleinere Schachtel ein Stück rotes Papier.

2 Schneide drei verschiedenfarbige Papierstreifen aus, die so breit sind wie die Garnspulen und lang genug, dass sie einmal darum passen. Schneide dann drei verschiedenfarbige Dreiecke, Kreise und Quadrate aus.

3 Klebe die gelben Symbole auf den grünen Papierstreifen, die roten auf den gelben und die grünen Symbole auf den roten Papierstreifen. Klebe die Papierstreifen um die Garnrollen.

4 Schiebe die Stricknadel seitlich in die große Schachtel. Fädle abwechselnd eine kleine Garnrolle als Platzhalter auf, dann eine große beklebte Symbolrolle. Wenn alle drei Symbolrollen in ihrem Fenster stehen, schiebe die Stricknadel auf der anderen Seite der Schachtel wieder raus.

5 Klebe die kleinere Schachtel auf die größere, das wird die Gewinnbox. Bitte einen Erwachsenen, für dich den Korken auf die Stricknadel zu spießen, damit sie nicht rausrutschen kann.

6 Streiche den „Einarmigen Banditen" rosa und die Gewinnbox grün an. Damit die Farbe deckt, musst du eventuell zweimal streichen.Beklebe die getrocknete Box mit gelben Sternen. Fülle die Gewinnbox mit Süßigkeiten.

Fang-den-Ball-Spiel

Mit diesem Spiel kannst du deine Geschicklichkeit unter Beweis stellen. Es ist gar nicht so einfach mit dem Ball in den Becher zu treffen! Aber es macht Spaß es zu üben. Verwende eine Plastikflasche mit langem Hals, den kannst du besser greifen.

MATERIAL

- ✓ bunte Servietten
- ✓ Bastelleim
- ✓ Jogurtbecher zum Mischen der Farben
- ✓ durchsichtige Plastikflasche
- ✓ Schere
- ✓ kleiner Jogurtbecher
- ✓ extrastarker Kleber
- ✓ dünne bunte Schnur

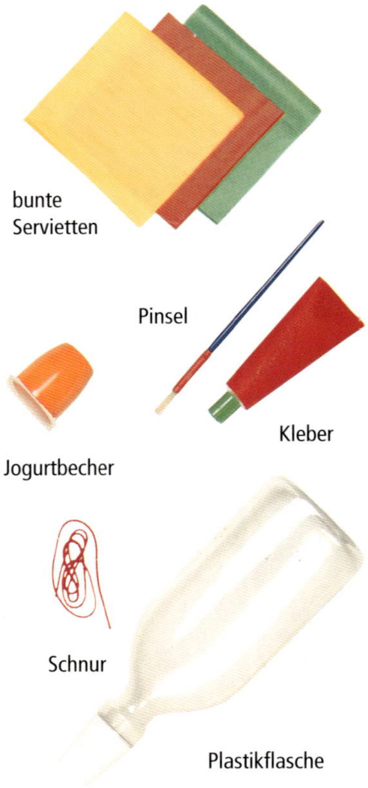

1 Nimm dir zwei verschiedenfarbige Servietten und reiße sie in Streifen und Kreise.

2 Mische etwas Bastelleim mit Wasser. Lege die Papierstreifen auf die Flasche und bestreiche sie mit diesem Gemisch. Verziere die Streifen mit Kreisen und lass alles sorgfältig trocknen.

3 Schneide vorsichtig den Rand des Jogurtbechers ab und klebe ihn mit der Öffnung nach oben auf die Plastikflasche.

4 Rolle eine Serviette zu einem festen kleinen Papierball, der gut in den Jogurtbecher passt.

5 Binde ein Ende der Schnur fest um den Papierball.

6 Binde das andere Ende der Schnur um den Flaschenhals.

Knopf-Klackerer

Aufgefädelte Knöpfe machen ein tolles klackerndes Geräusch, wenn sie an eine leere Smartiesrolle schlagen. Sammle alte Knöpfe und bunte Perlen für die Knopfschnüre. Wenn dein Knopf-Klackerer fertig ist, klebe den Plastikdeckel der Papprolle wieder drauf, um die Knopfschnüre zu befestigen.

MATERIAL

- ✓ Plakafarbe in Orange, Grün und Pink
- ✓ Pinsel
- ✓ Palette
- ✓ Smartiesrolle
- ✓ Stopfnadel
- ✓ dünne bunte Pappe
- ✓ Knöpfe und Perlen
- ✓ extrastarker Kleber

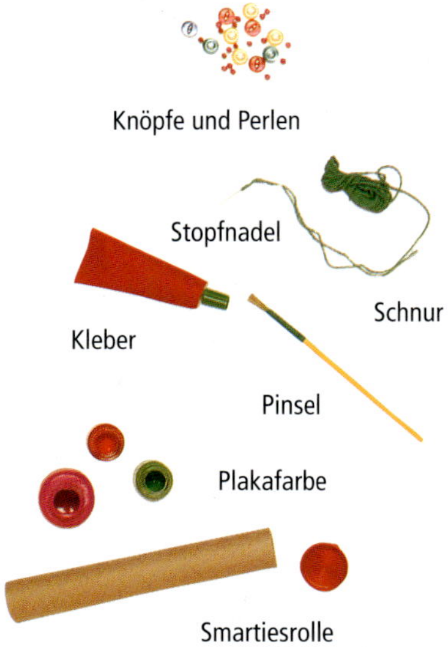

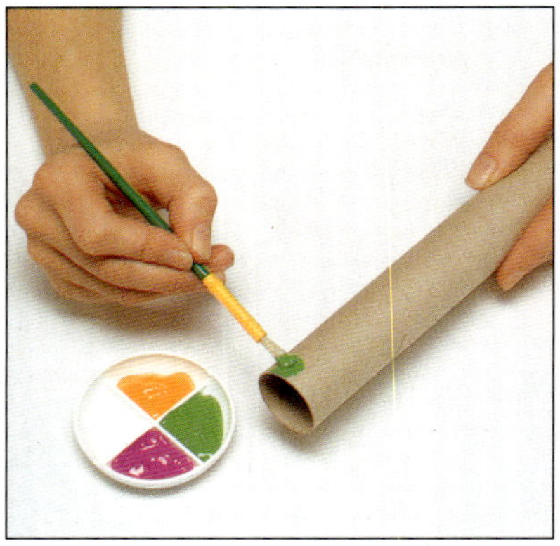

1 Bemale die Smartiesrolle mit orangefarbenen und grünen Streifen. Wenn die Farbe trocken ist, male die Punkte auf.

2 Fädle die bunte Schnur in die Stopfnadel, mache einen Knoten und nähe beim ersten Knopf mehrere Male durch die Knopflöcher. Dann fädle auf zirka 12 cm Knöpfe und Perlen auf. Du brauchst insgesamt drei Knopfschnüre.

3 Bitte einen Erwachsenen drei Löcher im Abstand von zirka 2,5 cm oben in die Papprolle zu machen. Fädle noch einmal den Faden einer Knopfschnur in die Nadel und stich durch eines der Löcher. Verknote den Faden.

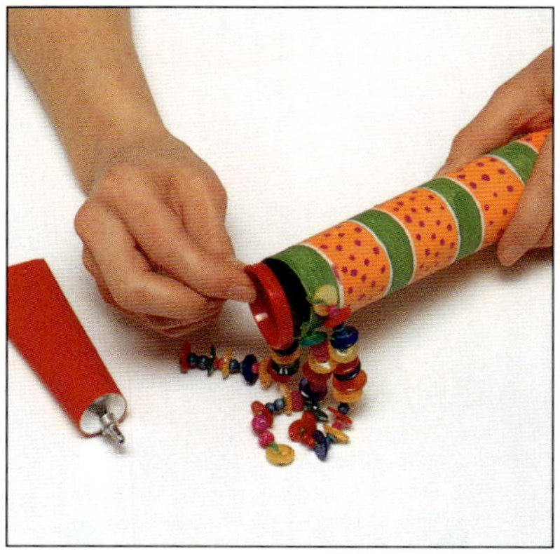

4 Nähe auch die anderen beiden Knopfschnüre an und klebe den Deckel wieder auf die Papprolle.

Rhythmus-Stöcke

Dünnere Äste sind hervorragende Rhythmus-Instrumente. Suche dir im Park oder im Wald zwei Stöcke, die ungefähr gleich lang und gleich dick sind. Die Äste müssen ganz trocken sein, sodass sie ein lautes Geräusch machen, wenn du sie gegeneinander schlägst. Du kannst die Stöcke auch mit einem lösungsmittelfreien Lack streichen, nachdem du sie angemalt hast.

MATERIAL

- ✓ 2 Stöcke
- ✓ Plakafarbe in Weiß, Grün, Rot und Gelb
- ✓ Pinsel
- ✓ Palette
- ✓ Schere
- ✓ bunte Schnur

1 Entferne trockene Blätter und lose Rinde von den Stöcken. Male sie weiß an und lass sie trocknen.

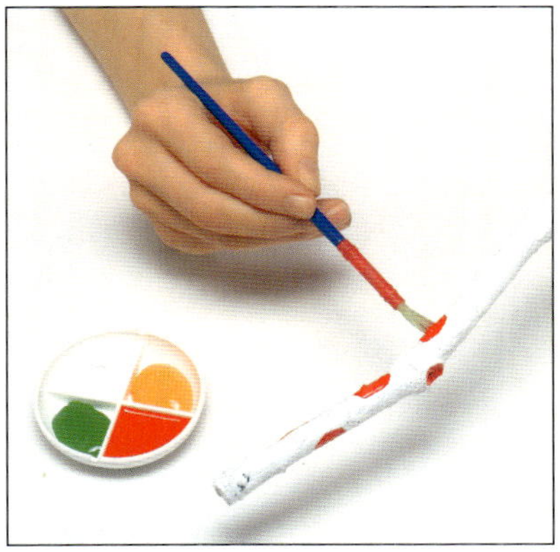

2 Male verschieden große, bunte Punkte auf die weißen Stöcke.

3 Wenn die Punkte trocken sind, male die Fläche zwischen den Punkten mit Gelb aus. Lass aber einen dünnen weißen Rand um jeden Punkt.

4 Schneide ein langes Stück bunte Schnur ab und wickle es als Griff fest um ein Ende der Stöcke. Binde die Enden sehr fest, damit die Schnur sich nicht wieder löst.

Rassel

Diese Rassel ist mit Perlen und Knöpfen gefüllt. Du kannst aber auch getrocknete Bohnen verwenden.

MATERIAL
- ✓ durchsichtige Plastikflasche mit Schraubverschluss
- ✓ kleine Perlen und Knöpfe
- ✓ große und kleine selbstklebende Papierpunkte
- ✓ extrastarker Kleber

1 Fülle die saubere, trockene Plastikflasche mit bunten Perlen und Knöpfen.

2 Verteile etwas Kleber in der Innenseite des Deckels und schraube den Deckel wieder auf die Flasche. Klebe bunte Papierpunkte zur Verzierung auf die Flasche.

3 Klebe auch auf den Schraubverschluss eine Reihe kleiner Punkte.

Tamburin

Zwei runde Aluschalen lassen sich ganz schnell in ein glänzendes Tamburin verwandeln.

MATERIAL
- ✓ Lineal
- ✓ Geschenkband
- ✓ Schere
- ✓ kleine Glöckchen
- ✓ Tesafilm
- ✓ 2 runde Aluschalen
- ✓ extrastarker Kleber

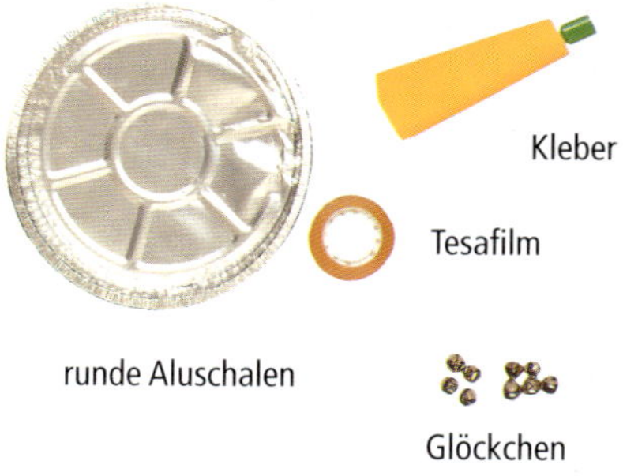

1 Binde jedes Glöckchen an ein zirka 10 cm langes Geschenkband.

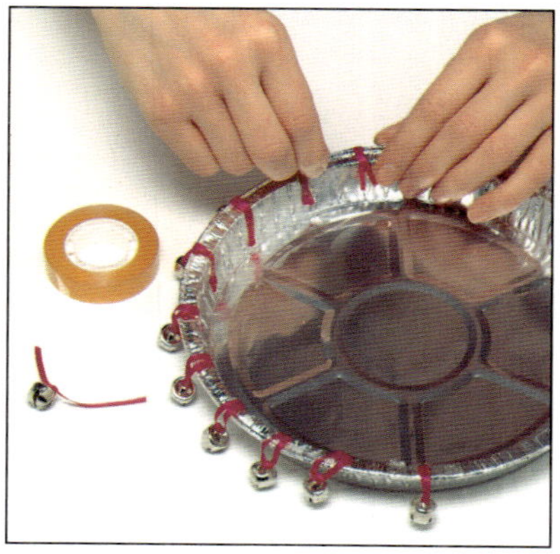

2 Klebe die Glöckchen in gleichmäßigem Abstand an der Innenseite einer Aluschale mit Tesafilm fest.

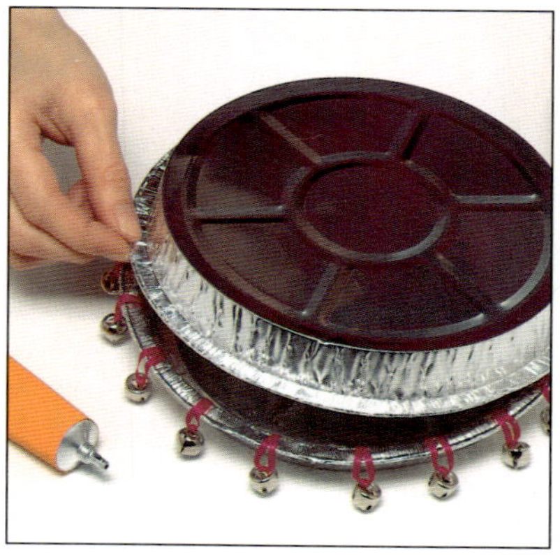

3 Verteile Kleber auf dem Rand der zweiten Schale. Klebe die beiden Schalen aufeinander. Lass den Kleber gut trocknen, ehe du das Tamburin benutzt.

Trommel

Eine Trommel ist ein tolles Spielzeug. Diese hier kannst du umhängen und überall mit hinnehmen. Sie ist aus einer großen Eiskremdose gemacht. Die Schlagstöcke sind Stricknadeln mit angeklebten Holzperlen.

MATERIAL

- ✓ Eiskremdose mit Deckel
- ✓ gelbe Plakafarbe
- ✓ Pinsel
- ✓ Jogurtbecher zum Mischen der Farbe
- ✓ Bastelleim
- ✓ Klebestift
- ✓ Schere
- ✓ buntes Papier
- ✓ dicke bunte Schnur
- ✓ Reis
- ✓ extrastarker Kleber
- ✓ 2 große Holzperlen
- ✓ 2 Stricknadeln

1 Mische etwas gelbe Plakafarbe mit Bastelleim und male damit die Eiskremdose an. Wenn die Farbe trocken ist, klebe große Quadrate aus rotem Papier rund um die Trommel.

2 Bitte einen Erwachsenen dir zwei Löcher in die Eisdose zu stechen. Fädle ein Stück Schnur durch die Löcher und verknote sie, damit du die Trommel umhängen kannst.

3 Schütte eine Hand voll Reis in die Dose und mach den Deckel wieder drauf. Der Reis macht ein raschelndes Geräusch, wenn du die Trommel schlägst.

4 Schneide einen Kreis aus rotem Papier aus und klebe ihn oben auf den Deckel deiner Trommel.

5 Schneide Rauten aus gelbem Papier aus und klebe sie jeweils auf ein rotes Papierquadrat und dann auf den Deckel.

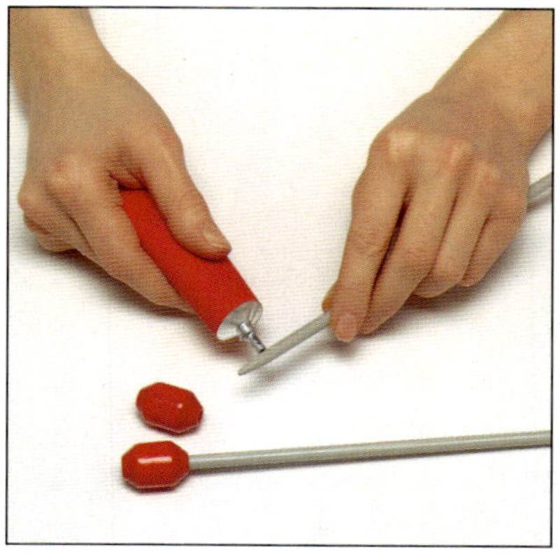

6 Für die Schlagstöcke klebe jeweils eine große Holzperle an eine Stricknadel. Lass den Kleber erst gut trocknen, ehe du deine Trommel benutzt.

Coole Gitarre

Mach dir eine coole Gitarre aus einer Papprolle und einer Conflakes-Schachtel. Die Saiten sind aus Gummis, die über eine halbe Klopapierrolle gespannt werden. Dadurch klingen sie richtig laut.

Recyclingtipp

Du kannst deine Gitarre auch mit Alufolie bekleben, wenn du gerade welche gesammelt hast.

MATERIAL

- ✓ Cornflakes-Schachtel
- ✓ Filzstift
- ✓ Schere
- ✓ lange Papprolle
- ✓ braunes Klebeband
- ✓ Klopapierrolle
- ✓ extrastarker Kleber
- ✓ Plakafarbe in Orange und Gelb
- ✓ Pinsel
- ✓ Palette
- ✓ 6 Gummis
- ✓ 5 kleine Garnrollen
- ✓ Alufolie
- ✓ dicke Schnur

Klopapierrolle

braunes Klebeband

Alufolie

Kleber

Plakafarbe

Pinsel

1 Zeichne ein Viereck vorne auf die Pappschachtel. Bitte einen Erwachsenen, dir zu helfen dieses Viereck auszuschneiden.

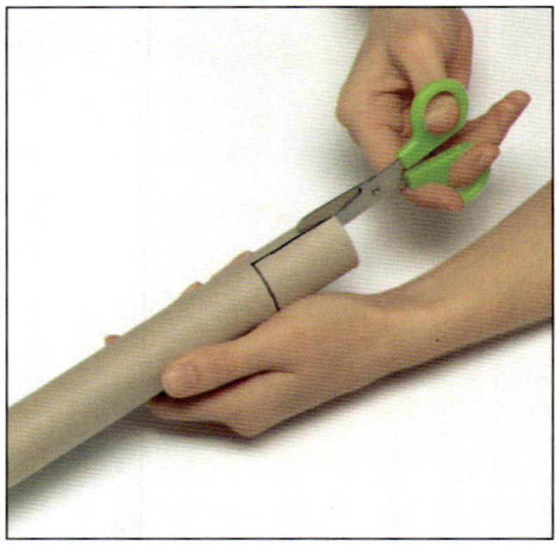

2 Zeichne ein Rechteck auf ein Ende der Papprolle. Bitte einen Erwachsenen, dir zu helfen dieses Stück herauszuschneiden.

3 Klebe die angeschnittene Papprolle mit dem braunen Klebeband auf die Schachtel. Jetzt hat die Gitarre einen Hals.

4 Schneide die Klopapierrolle der Länge nach durch. Klebe eine Hälfte unterhalb des ausgeschnittenen Vierecks auf die Schachtel.

5 Wenn der Kleber getrocknet ist, male die Gitarre mit Plakafarbe an und lass sie gut trocknen.

6 Spanne die sechs Gummis um die Pappschachtel. Dadurch, dass du sie über die halbe Klopapierrolle spannst, klingen sie lauter.

7 Umwickle die Garnrollen mit Alufolie und klebe vier der Rollen seitlich an das Ende des Gitarrenhalses. Die fünfte klebe unten an den Körper der Gitarre. Binde ein Stück dicke bunte Schnur als Gurt oben um den Gitarrenhals und unten um die Garnrolle.

Schrauben-Glockenspiel

Mit diesem raffinierten Glockenspiel kannst du wunderbare Musik machen. Die Nägel hängen frei an einer Papprolle und haben einen ganz reinen klaren Ton, wenn man sie schlägt. Du musst dafür große Schrauben in verschiedener Größe finden, damit dein Glockenspiel in mehreren Tönen klingt.

MATERIAL

- ✓ Schere
- ✓ buntes Papier
- ✓ Papprolle
- ✓ Klebestift
- ✓ selbstklebende bunte Papierpunkte
- ✓ feste bunte Schnur
- ✓ Schrauben in verschiedener Größe
- ✓ ganz lange Schraube

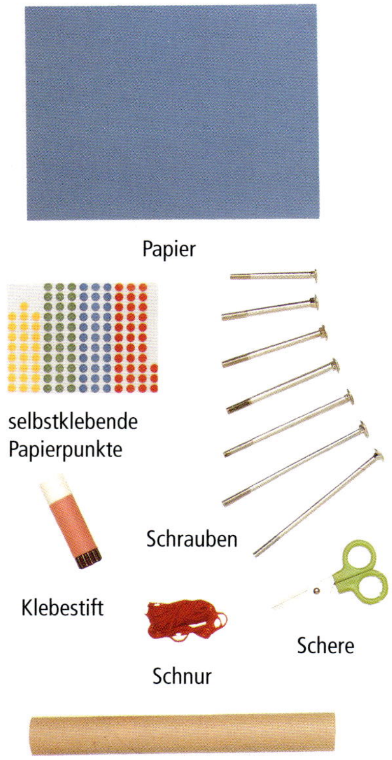

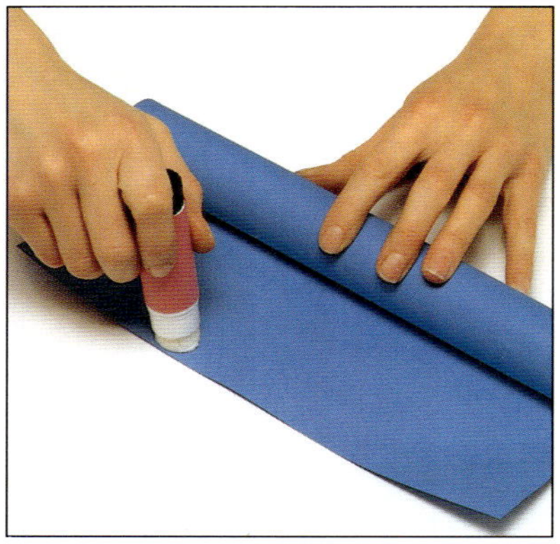

1 Schneide ein rechteckiges Stück Papier zurecht. Es muss so lang wie die Papprolle sein und so breit, dass es um die Rolle passt. Beklebe die Papprolle damit.

2 Verziere beide Enden der Papprolle mit den selbstklebenden bunten Papierpunkten.

3 Schneide ein langes Stück von der bunten Schnur ab. Sie muss so stabil sein, dass sie das Gewicht aller Schrauben trägt.

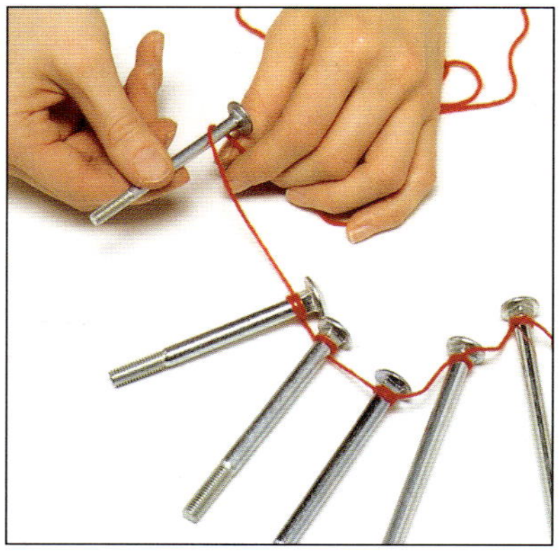

4 Binde die Schrauben an ihrem Kopf in gleichmäßigem Abstand an die Schnur.

5 Fädle die Schnur durch die Papprolle und verknote sie sorgfältig.

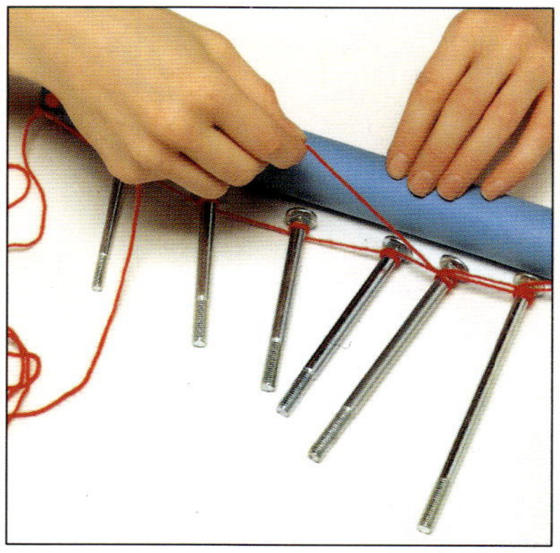

6 Umwickle mit dem langen Ende der Schnur jeden Schraubenkopf noch mehrmals. Stecke das Schnurende ein weiteres Mal durch die Papprolle und verknote es auf der anderen Seite. Benutze die lange Schraube, um das Glockenspiel zu spielen.

Lustige Flaschen-Hunde Buchstützen

Diese Buchstützen sind aus Plastikflaschen gemacht, die mit einer dünnen Schicht Pappmaschee überzogen und dann angemalt werden. Ihre Beine bestehen aus Korken, und Schwanz und Ohren sind aus dünner Pappe.

MATERIAL

- ✓ 2 Plastikflaschen
- ✓ Trichter
- ✓ Reis
- ✓ Kreppband
- ✓ Zeitungen
- ✓ Bastelleim
- ✓ 8 Korken
- ✓ Plakafarben in Weiß, Rot, Gelb, Braun und Schwarz
- ✓ Pinsel
- ✓ Jogurtbecher zum Mischen der Farbe
- ✓ Bleistift
- ✓ dünne weiße Pappe
- ✓ Schere

1 Fülle zwei saubere, trockene Plastikflaschen mit Hilfe des Trichters zur Hälfte mit Reis. Verklebe jede Flasche mit einem Streifen Kreppband.

2 Reiße die Zeitung in Streifen. Tauche diese in den mit Wasser verdünnten Bastelleim. Beklebe die Flasche mit zwei Lagen Zeitung und lasse sie trocknen.

3 Klebe die vier Korken mit Bastelleim als Beine unter die Flasche und lasse sie trocknen.

4 Streiche die Buchstützen weiß an. Wahrscheinlich musst du sie zweimal streichen, damit die Zeitung nicht mehr durchschimmert.

5 Zeichne Gesicht, Halsband und Tupfen mit Bleistift vor und male sie dann mit Plakafarbe aus.

6 Zeichne Ohren und Schwanz auf der Pappe vor und schneide sie aus. Knicke die Enden jeweils etwas um und klebe sie mit Bastelleim auf die Hunde.

Bilderrahmen aus Zweigen

Dieser Bilderrahmen aus Zweigen wird aus Wellpappe gemacht und mit Zweigen und Rinde beklebt. Das Material findet man auf jedem Spaziergang. Der Rahmen hat einen Platzhalter in der Mitte, sodass du von oben Bilder in den Rahmen schieben kannst. Du kannst auch noch Tannenzapfen auf den Rahmen kleben, wenn du magst.

Recyclingtipp

Du kannst den Rahmen auch mit anderen Dingen bekleben, die du in der Natur findest, z. B. mit Kieselsteinen, Federn . . .

MATERIAL

- ✓ Lineal
- ✓ Bleistift
- ✓ Wellpappe
- ✓ Schere
- ✓ extrastarker Kleber
- ✓ kurze Zweige und Rindenstücke

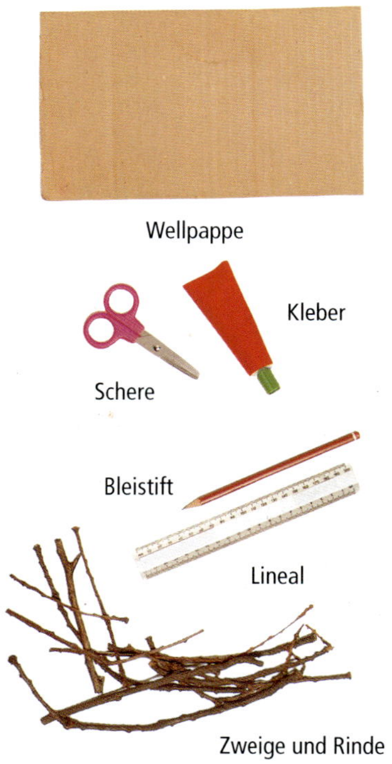

1 Übertrage die Vorlage von S. 21 in der gewünschten Größe auf die Wellpappe und schneide alle sechs Stücke aus.

2 Klebe den Platzhalter auf die Rückwand des Rahmens. Achte darauf, dass die Ecken der Wellpappe genau übereinander liegen.

3 Klebe die vier Vorderteile des Rahmens auf den Platzhalter.

4 Klebe die Zweige und Rindenstücke auf den Rahmen. Wähle jedes Stück sorgfältig aus und achte darauf, dass es gut passt. Klebe zwei Schichten Zweige auf. Das sieht noch besser aus.

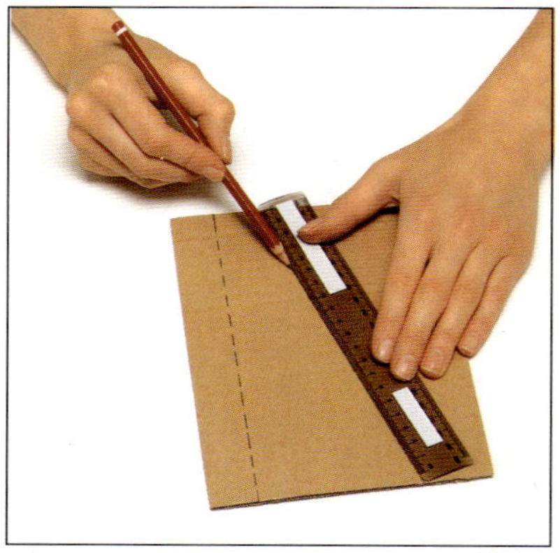

5 Schneide aus Wellpappe einen Ständer für den Rahmen aus.

6 Falte einen Knick in die lange Seite des Ständers und klebe ihn auf die Rückseite des Rahmens. Lass alles gut trocknen, ehe du den Rahmen benutzt.

Bilderrahmen aus Pappe

Wellpappe eignet sich prima zum Basteln von Rahmen, denn sie ist biegsam, stabil und sie lässt sich gut anmalen. Du kannst deinen Rahmen so groß machen, wie du willst. Für große Rahmen sind Verpackungen von Elektrogeräten gut geeignet.

Recyclingtipp

Wenn du eine Muschelsammlung hast, kannst du den Rahmen auch damit bekleben.

MATERIAL

- ✓ Lineal
- ✓ Bleistift
- ✓ dicke Wellpappe
- ✓ Schere
- ✓ dünne Wellpappe
- ✓ extrastarker Kleber
- ✓ Plakafarbe in Rot, Grün, Gelb und Blau
- ✓ Pinsel
- ✓ Palette

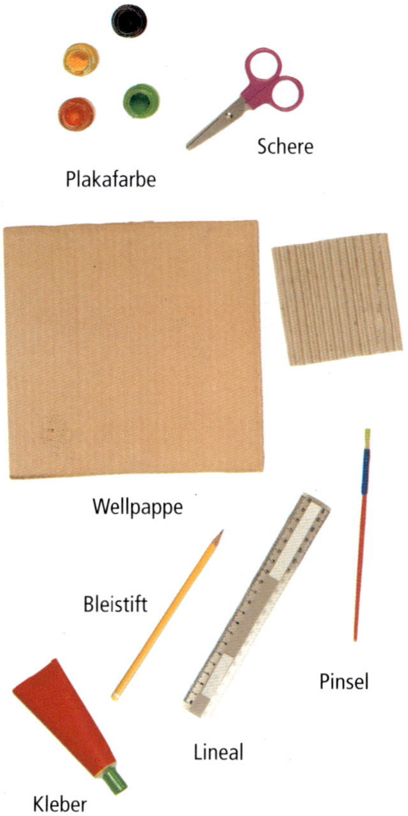

1 Übertrage von der Vorlage auf Seite 21 die Rückseite des Rahmens und den Platzhalter in der gewünschten Größe auf die dicke Wellpappe und schneide sie aus.

2 Übertrage die Vorderteile des Rahmens auf die dünne Wellpappe und schneide sie aus. Klebe den u-förmigen Platzhalter auf die Rückwand des Rahmens. Klebe dann die vier Teile für die Vorderseite auf den Platzhalter.

3 Bemale den Rahmen mit Plakafarbe. Wahrscheinlich musst du ihn zweimal streichen, ehe die Farbe völlig deckt.

4 Schneide kleine Quadrate und Kreise aus der dünnen Wellpappe.

5 Bemale diese Formen auf der gewellten Seite mit leuchtenden Farben.

6 Wenn die Farbe trocken ist, klebe die Formen als Dekoration auf den Rahmen.

Pappmaschee-Schüssel

Basteln mit Pappmaschee ist fast ein bisschen wie Zauberei, weil man die verschiedensten Dinge daraus machen kann. Man braucht nur alte Zeitungen und Kleister. Diese Schüssel ist mit buntem Geschenkpapier und Papierblumen beklebt. Man kann sie toll als Obstschale benutzen.

MATERIAL
- ✓ Vaseline
- ✓ Plastikschüssel
- ✓ Zeitungen
- ✓ Bastelleim
- ✓ Schere
- ✓ Geschenkpapier
- ✓ dünnes buntes Papier

Bastelleim

Zeitungen

Plastikschüssel

buntes Papier

Schere

1 Fette die Schüssel dünn mit Vaseline ein. Verdünne einen Teil des Bastelleims mit Wasser. Reiße die Zeitung in Streifen, tauche sie in den verdünnten Bastelleim und lege die Schüssel so damit aus, dass die Ränder etwas überstehen. Bedecke die Schüssel mit sechs Schichten und lass alles über Nacht trocknen.

2 Löse die Papierschüssel vorsichtig aus der Form. Lass sie umgedreht noch einmal zum Trocknen stehen. Anschließend schneide vorsichtig die rauen Kanten der Schüssel gerade.

3 Reiße das Geschenkpapier in Streifen und klebe es von innen und außen auf die Schüssel.

4 Schneide Kreise aus dem bunten Papier und schneide diese am Rand so ein, dass Blumen daraus werden.

5 Klebe die Blumen in die Mitte und an die Seite der Schüssel.

6 Schneide Vierecke aus zwei verschiedenfarbigen Papieren. Klebe diese Vierecke auf den Rand der Schüssel.

Schal mit Applikationen

Wolldecken sind weich und warm. Wenn du eine alte Decke hast, die niemand mehr braucht, mach doch einen Schal daraus.

MATERIAL

- ✓ Maßband
- ✓ Wolldecke
- ✓ Schere
- ✓ Filz in Orange, Blau, Grün und Pink
- ✓ Pauspapier
- ✓ Bleistift
- ✓ dünne Pappe
- ✓ Filzstift
- ✓ Stecknadeln
- ✓ Stopfnadeln
- ✓ dicker bunter Baumwollfaden

Wolldecke

Filz

dicker Baumwollfaden

Filzstift

Schere

1 Schneide ein 60 cm × 90 cm großes Stück von der Decke ab. Falte die beiden langen Seiten in die Mitte, sodass sie sich in der Mitte treffen und um etwa 1,5 cm überlappen. Bitte einen Erwachsenen den Schal so gefaltet für dich zu bügeln, damit er so bleibt.

2 Schneide sechs 7 cm × 7 cm große Quadrate aus dem blauen und dem orangefarbenen Filz. Dann schneide sechs Kreise, die in diese Quadrate passen, aus dem grünen und pinkfarbenen Filz. Schneide sechs kleinere Kreise aus dem blauen und grünen Filz.

3 Zeichne eine Blume auf die Pappe, schneide sie aus und benutze sie als Schablone. Male mit der Schablone sechs Blumen auf Filz und schneide sie aus.

4 Stecke drei Quadrate auf jedem Schalende mit Stecknadeln fest, dann nähe sie mit dem dicken Baumwollfaden an. Auf das Quadrat nähe den großen Kreis, in den Kreis die Blume und in die Blume den kleinen Kreis.

5 Falte den Schal nun so, dass die Applikationen innen sind. Stecke die langen Seiten fest und nähe sie mit kleinen Heftstichen zusammen. Lege den Schal mit der Naht in der Mitte glatt hin. Stecke beide kurze Seiten ab und nähe sie dann zusammen, das untere Ende nur zur Hälfte.

6 Wende den Schal. Stecke den Rest des unteren Endes vorsichtig nach innen und nähe es mit kleinen Stichen zusammen. Bitte einen Erwachsenen die Nähte für dich flach zu bügeln.

Bommelmütze

Mit dieser lustigen Mütze macht der Winter noch mehr Spaß! Sie ist aus einer alten Wollstrumpfhose gemacht und die beiden Bommel sind aus alten Wollresten. Damit sieht die Mütze so cool aus, dass niemand mehr erkennen wird, aus was sie gemacht wurde.

MATERIAL

- ✓ Maßband
- ✓ 1 Wollstrumpfhose
- ✓ Schere
- ✓ Stopfnadel
- ✓ dünne Wolle
- ✓ Bleistift
- ✓ Zirkel
- ✓ dünne Pappe
- ✓ Wollreste

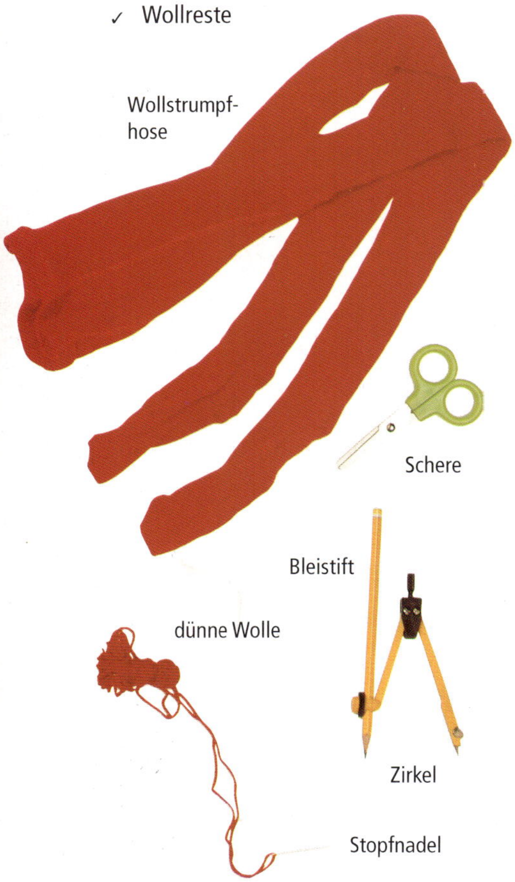

1 Schneide die beiden Beine der Strumpfhose in einer Länge von zirka 15 cm ab.

2 Nähe mit der dünnen Wolle die beiden Beinenden mit kleinen Heftstichen zu und ziehe die Fäden zusammen. Verstecke die Fäden und schneide sie dann ab.

3 Zeichne mit dem Zirkel zwei gleich große Kreise auf die Pappe und jeweils einen kleineren Kreis in deren Mitte. Bitte einen Erwachsenen dir beim Ausschneiden der Kreise zu helfen.

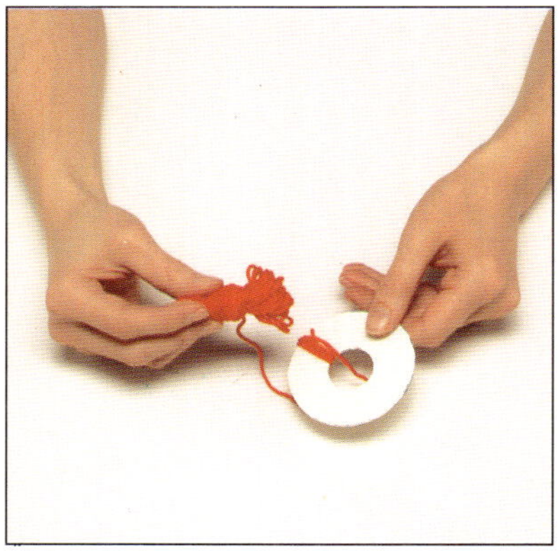

4 Lege die beiden Kreise aufeinander. Wickle die Wolle um die beiden Pappkreise, indem du sie immer wieder durch das kleine Loch in der Mitte steckst, bis dieses Loch fast zugewickelt ist.

5 Schneide die Wolle am äußeren Rand des Kreises auf. Klappe die beiden Pappkreise etwas auseinander und wickle zwischen den Pappscheiben ein kurzes Stück Wolle fest um die aufgeschnittenen Fransen. Nimm die Pappkreise ab.

6 Mache einen zweiten Bommel und nähe je einen an ein zusammengerafftes Bein. Rolle den Gummi der Strumpfhose ein wenig auf und binde die beiden Beine locker zusammen.

Kleine Schatzkiste

In diesem kleinen Kästchen kannst du alle möglichen Schätze aufbewahren. Es ist aus großen Streichholzschachteln gemacht und mit selbstklebender Plastikfolie beklebt. Du kannst deine Schatztruhe so groß machen, wie du willst, indem du einfach weitere Streichholzschachteln hinzufügst. Du kannst auch große und kleine Schachteln verwenden, dann hast du verschieden große Schubfächer.

Recyclingtipp

In diesem Kästchen kannst du prima deine Perlen, Knöpfe, Nadeln, Büroklammern und all die Dinge sammeln, die alle guten Bastler vorrätig haben sollten.

MATERIAL

- ✓ rote und grüne selbstklebende Plastikfolie
- ✓ Schere
- ✓ 6 große Streichholzschachteln
- ✓ extrastarker Kleber
- ✓ Pauspapier
- ✓ Bleistift
- ✓ dünne Pappe
- ✓ 6 bunte Plastikperlen

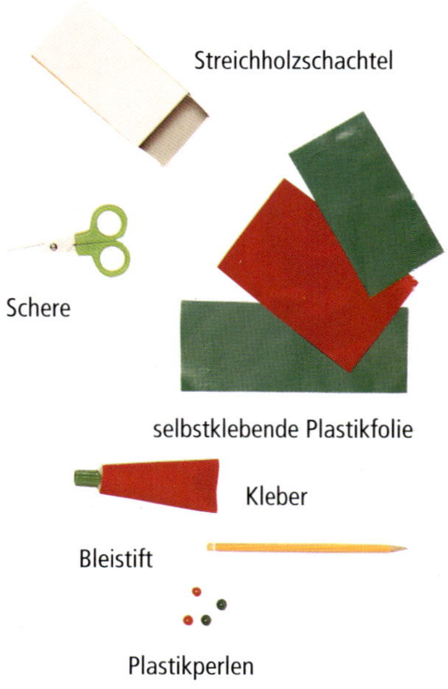

1 Schneide drei Stücke von der grünen Plastikfolie ab und drei von der roten, jeweils groß genug, um eine Schachtel zu bekleben. Beklebe die Schachteln.

2 Beklebe drei Schubladen vorne und hinten grün und die anderen drei rot. Schiebe die roten Schubladen in die grünen Kästchen und umgekehrt.

3 Klebe jeweils eine rote und eine grüne Schachtel an der langen schmalen Seite mit Kleber zusammen.

4 Wenn der Kleber trocken ist, klebe die drei Doppelschachteln aufeinander. Achte darauf, dass die Schachteln genau übereinander liegen.

5 Pause die Wolken-Schablone von S. 19 durch, übertrage den Umriss auf dünne Pappe (Anleitung auf S. 12) und schneide sie aus. Beklebe die Wolke mit grüner Plastikfolie.

6 Schneide ein kleines rotes Herz aus und klebe es auf die Wolke. Knicke die Basis der Wolke zurück und klebe sie oben auf die Schatzkiste. Klebe je eine Plastikperle als Griff auf die Schubladen.

Bedrucktes Briefpapier

Briefpapier ist oft sehr teuer, aber du kannst dir mit diesen einfachen Stempeln dein eigenes Briefpapier machen. Die einzelnen Stempel sind aus Spülschwämmen geschnitten. Wenn du die Stempeltechnik beherrschst, kannst du dir auch Stempel mit deinen Initialen machen.

MATERIAL

- ✓ Bleistift
- ✓ Lineal
- ✓ dicke Wellpappe
- ✓ Schere
- ✓ extrastarker Kleber
- ✓ Filzstift
- ✓ Spülschwamm
- ✓ Plakafarben
- ✓ Pinsel
- ✓ Untertasse
- ✓ buntes Schreibpapier

1 Zeichne drei 5 cm × 5 cm große und drei 4 cm × 4 cm große Quadrate auf Wellpappe und schneide sie aus.

2 Klebe die kleineren Quadrate senkrecht auf die größeren. Die kleineren Quadrate sind die Griffe der Stempel. Warte bis der Kleber richtig getrocknet ist.

3 Zeichne mit Filzstift einfache Formen auf den Schwamm. Zum Beispiel Kreise, Dreiecke, Rauten. Schneide diese Formen aus und klebe je eine auf den Pappstempel.

4 Wenn der Kleber trocken ist, gib ein wenig Farbe auf die Untertasse und tauche den Stempel hinein oder trage etwas Farbe mit dem Pinsel auf den Stempel auf. Stemple fest auf das Schreibpapier.

Patchwork-Mäppchen

Dieses bunte Mäppchen ist aus Stoffresten genäht. Diese Patchworktechnik eignet sich sehr gut dazu, schöne Stoffreste zu verarbeiten.

MATERIAL

- ✓ Bleistift
- ✓ Lineal
- ✓ dünne Pappreste
- ✓ Schere
- ✓ Filzreste
- ✓ Filzstift
- ✓ Stopfnadel
- ✓ knallbunter Faden
- ✓ Stecknadeln
- ✓ Druckknöpfe
- ✓ 8 Knöpfe

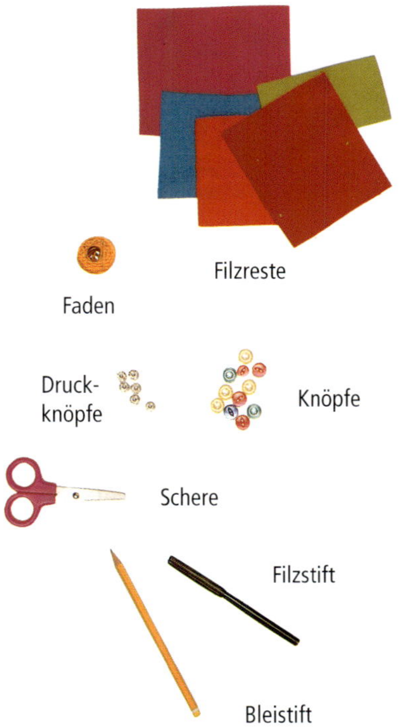

1 Zeichne ein 6 cm × 6 cm großes Quadrat auf dünne Pappe, schneide es aus und benutze es als Schablone. Zeichne mit dieser Schablone 16 Quadrate auf Filzreste. Schneide sie aus.

2 Lege zwei Filzstücke an den Rändern aneinander und nähe sie mit dem bunten Garn mit kleinen Heftstichen zusammen. Nähe zwei weitere Quadrate in diese Reihe. Nähe drei weitere Reihen aus ebenfalls je vier Filzquadraten. Lege die vier Reihen aneinander und nähe sie mit kleinen Heftstichen zusammen, sodass du ein großes Patchworkquadrat aus 16 Quadraten erhältst.

4 Nähe an zwei gegenüberliegenden Seiten einen kleinen Saum. Falte das Patchworkquadrat einmal so zusammen, dass die Saumseiten übereinander liegen. Stecke und nähe die Tasche rechts und links zusammen. Nähe Druckknöpfe an die umsäumte Öffnung des Mäppchens.

5 Schneide kleine Quadrate aus dem übrig gebliebenen Filz und nähe je einen Knopf in deren Mitte. Nähe je eins dieser Knopfquadrate vorne auf ein Quadrat des Mäppchens.

Deckel-Brosche

Wenn du das nächste Mal ein Glas Marmelade leer machst, hebe den Deckel auf, um eine tolle Brosche daraus zu basteln. Umwickle den Deckel mit Alufolie und schneide Formen aus buntem Bonbonpapier aus. Zum Anstecken kannst du besondere Anstecknadeln kaufen, aber Sicherheitsnadeln tun es auch.

MATERIAL

- ✓ Schere
- ✓ Alufolie
- ✓ extrastarker Kleber
- ✓ Marmeladenglas-Deckel
- ✓ bunte Alufolienstücke
- ✓ Sicherheitsnadel
- ✓ Tesafilm

Sicherheitsnadel

Tesafilm

bunte Folienstücke

Marmeladenglas-deckel

Alufolie

Kleber

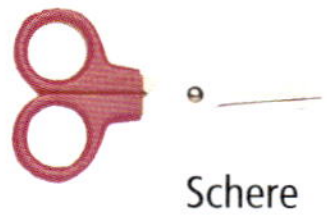
Schere

1 Schneide ein Stück Alufolie zurecht, das ringsum etwa 4 cm größer ist als der zu beklebende Deckel. Streiche Kleber auf die Rückseite des Deckels, wickle ihn in die Alufolie ein und drücke die Folie in der Mitte des Deckels fest.

2 Schneide einen Kreis aus Goldfolie aus und klebe ihn auf die Innenseite des Deckels. Schneide verschiedene Formen aus der bunten Folie und klebe sie auf den goldenen Kreis.

3 Du kannst statt eines Kreises aus Goldfolie auch einen Stern schneiden und ihn auf die Alufolie kleben.

4 Dreh deine Brosche um und klebe mit Tesafilm eine Sicherheitsnadel in die Mitte.

Plastikflaschen-Armreifen

Teile von weichen Plastikflaschen eignen sich toll zum Basteln von Armreifen und Anhängern. Du kannst sie auf tausend verschiedene Weisen verzieren, zum Beispiel mit bunter Folie von Bonbonpapierchen oder mit Alufolie. Und schon glitzern an deinem Handgelenk die wertvollsten Juwelen.

MATERIAL
- ✓ weiche Plastikflasche
- ✓ Schere
- ✓ Tesafilm
- ✓ Alufolie
- ✓ bunte Bonbonpapiere
- ✓ extrastarker Kleber

Alufolie

Schere

Bonbonpapiere

Kleber

weiche Plastikflasche

1 Bitte einen Erwachsenen dir aus einer Plastikflasche einen 2,5 cm breiten Streifen herauszuschneiden, der so lang ist, dass er über dein Handgelenk passt. Klebe die Enden mit Tesafilm zusammen, sodass ein Armreif daraus wird.

2 Schneide ein Stück Alufolie ab, das doppelt so breit ist wie der Armreif. Lege den Reif in die Mitte der Folie und falte die Folie drum herum.

3 Glätte die Bonbonpapiere mit den Fingern. Schneide davon etliche Streifen zurecht, die um den Armreif herum passen. Klebe die Streifen in gleichmäßigem Abstand auf den Armreif.

4 Rolle weitere bunte Folienstücke zu kleinen Perlen und klebe sie als Juwelen außen rings um den Armreif.

Gerollte Papierperlen

Es gibt ganz tolles buntes Geschenkpapier. Und wenn du die Geschenke ausgewickelt hast, kann man tolle Perlen daraus basteln. Bitte deine Familie und Freunde, Geschenkpapier für dich zu sammeln, und bastle dir eine einzigartige knallbunte Kette.

MATERIAL

- ✓ Lineal
- ✓ Bleistift
- ✓ Geschenkpapier
- ✓ Schere
- ✓ Klebestift
- ✓ dünnes Gummiband

Geschenkpapier

Klebestift

Bleistift

Lineal

Schere

1 Zeichne viele 2,5 cm breite Streifen auf die Rückseite des Geschenkpapiers. Setze einen Punkt in die Mitte einer der kurzen Seiten. Zeichne von dort zwei Linien in die beiden entgegengesetzten Ecken des Streifens, sodass drei lange dünne Dreiecke entstehen.

2 Schneide diese Dreiecke aus.

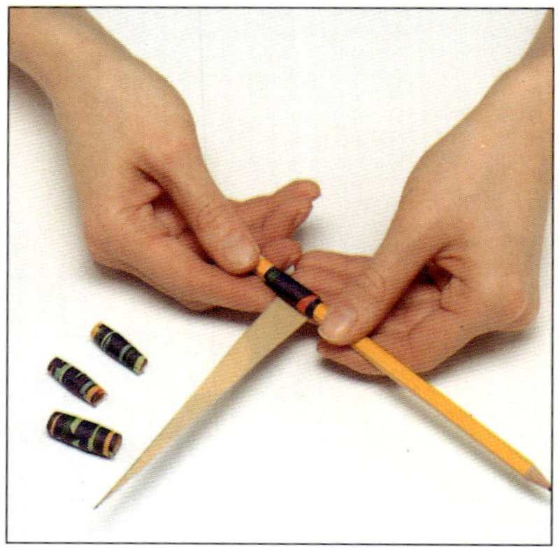

3 Wickle diese Dreiecke von der breiten Seite her um einen Bleistift. Wickle vorsichtig, damit die Perle gleichmäßig wird.

4 Streiche etwas Kleber auf das Ende des Papiers und drücke es fest. Lass die Perle um den Bleistift, bis der Kleber trocken ist. Wenn du genug Perlen beisammenhast, fädle sie auf das Gummiband.

Folienperlen-Anhänger

Aus Alufolie kann man tollen Schmuck basteln. Du kannst die Folie zu kleinen Kugeln rollen, um glitzernde Juwelen zu machen oder du wickelst sie um einen Bleistift um lange dünne Perlen zu erhalten. Eine Büroklammer auf der Rückseite des Schmuckstücks dient als Aufhänger.

MATERIAL

- ✓ Lineal
- ✓ Bleistift
- ✓ Alufolie
- ✓ Schere
- ✓ dünne Pappe
- ✓ extrastarker Kleber
- ✓ bunte Folie
- ✓ Pailletten
- ✓ selbstklebender Goldstern
- ✓ Tesafilm
- ✓ Büroklammer
- ✓ dünne bunte Schnur

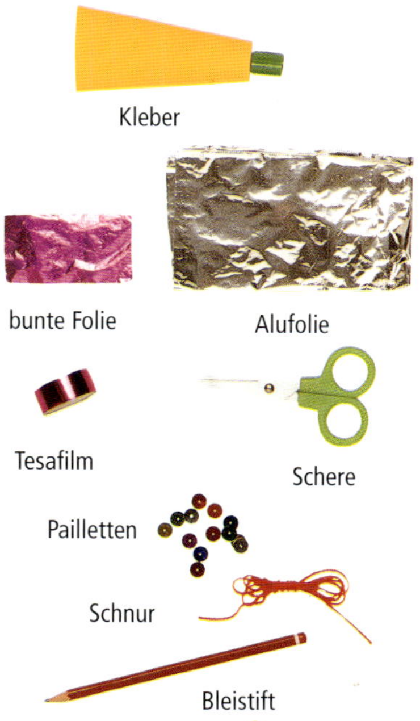

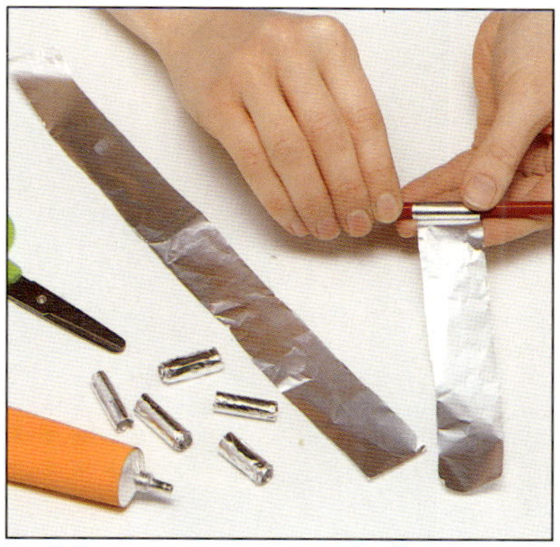

1 Schneide 20 Streifen, 30 cm lang und 2,5 cm breit, aus Alufolie zurecht. Rolle jeden Streifen von der kurzen Seite her um einen Bleistift zu einer Perle, die du am Ende mit etwas Kleber festklebst.

2 Zeichne einen Kreis auf die dünne Pappe, schneide ihn aus und beklebe ihn auf jeder Seite mit bunter Folie.

3 Klebe bunte Pailletten auf den Rand des Anhängers und den Goldstern in die Mitte. Klebe mit Tesafilm die Büroklammer auf die Rückseite des Schmuckstücks. Sie dient als Aufhänger.

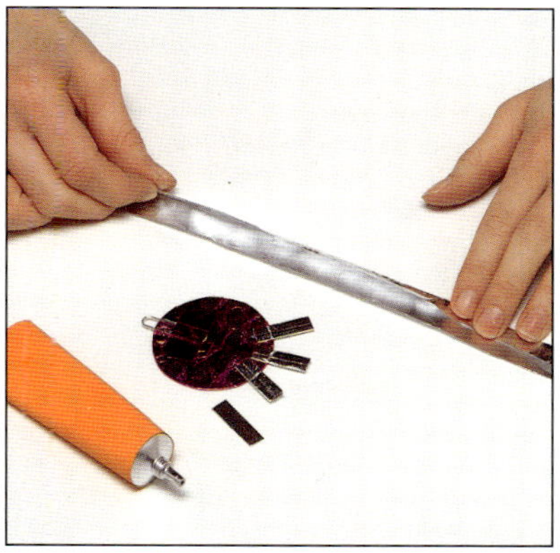

4 Schneide einen langen, breiten Streifen Folie ab, falte ihn längs und klebe ihn zusammen. Schneide kleine Streifen davon ab und klebe sie von hinten an den Anhänger. Fädle die Perlen und den Anhänger auf die Schnur.

Haarband aus Spüllappen

Spüllappen gibt es in so vielen schönen Farben, dass es schade wäre sie nur zum Spülen zu verwenden. Hier verzieren rosa, gelbe und grüne Spüllappen ein einfaches Haarband.

MATERIAL

- ✓ Pauspapier
- ✓ Bleistift
- ✓ dünne Pappe
- ✓ Schere
- ✓ gelbe, grüne und rosa Spüllappen
- ✓ dünner schwarzer Filzstift
- ✓ Stopfnadel
- ✓ gelbes, rosa und grünes oder blaues Nähgarn
- ✓ Haarband

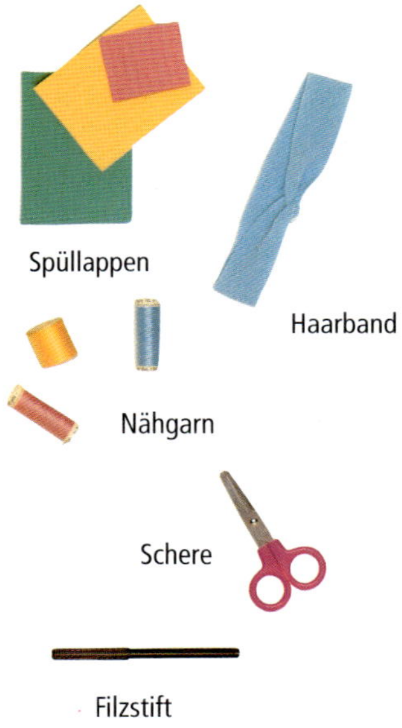

1 Pause die Blumenschablone von S. 19 auf die Pappe (Anleitung S. 12) durch. Schneide die durchgepausten Pappschablonen aus.

2 Übertrage die Umrisse der Blumen mit Filzstift auf den gelben Lappen, den Kreis auf den rosafarbenen Lappen und die Blätter auf den grünen. Schneide die Formen aus.

3 Nähe den rosafarbenen Kreis mit rosa Garn auf die gelbe Blume.

4 Nähe die Blätter vorne auf das Haarband. Mache einige kleine Stiche mit dem grünen oder blauen Garn. Nähe die Blume mit gelbem Garn in die Mitte des Haarbandes.

Zapfen-Dose

Wenn du im Herbst spazieren gehst, wirst du überall Zweige, Zapfen, Samen und Nüsse finden, mit denen man viele Dinge wunderbar verzieren kann. Diese einfache Pappschachtel ist grün angemalt und dann mit Eicheln, Bucheckern und kleinen und großen Zapfen beklebt worden. Zeige immer alles, was du findest, zuerst einem Erwachsenen, damit du sicher gehst, dass nichts Gefährliches darunter ist. Wasche immer alles sorgfältig, ehe du es verwendest.

MATERIAL

- ✓ grüne Plakafarbe
- ✓ Pinsel
- ✓ Palette
- ✓ Pappschachtel mit Deckel
- ✓ Eicheln, Bucheckern, Tannenzapfen
- ✓ extrastarker Kleber

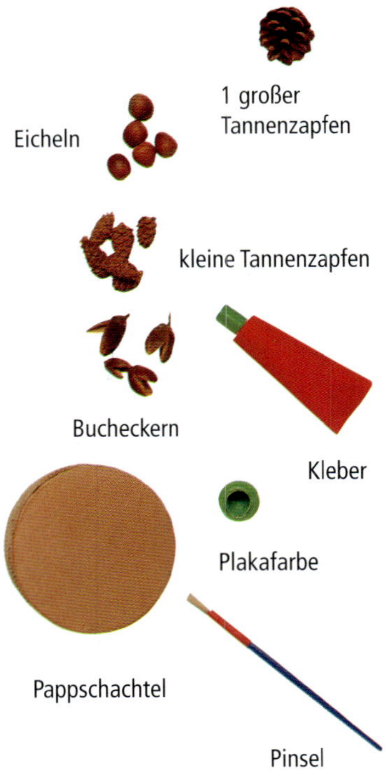

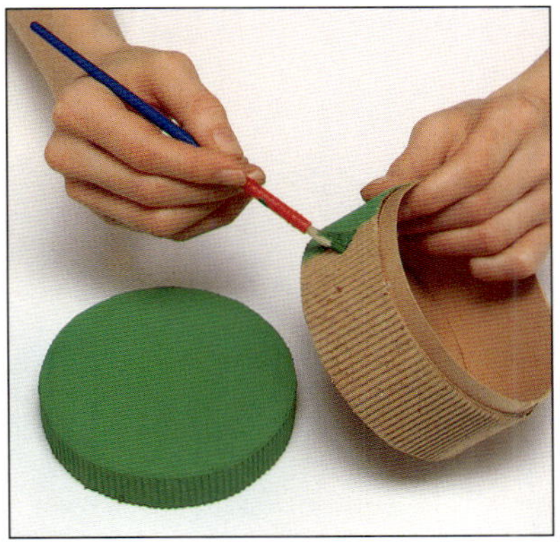

1 Male die Pappschachtel mit der Plakafarbe grün an und lass sie gut trocknen.

2 Arrangiere die Eicheln auf dem Deckel der Schachtel und klebe sie fest.

3 Klebe die kleineren Zapfen blütenförmig auf der Deckel und den großen Tannenzapfen genau in die Mitte.

4 Klebe die Bucheckernzapfen in gleichmäßigem Abstand an die Seite der Schachtel. Lass den Kleber gut trocknen, ehe du die Schachtel benutzt.

Stoffbild

Für dieses Stoffbild brauchst du viele bunte Stoffreste. Für den Hintergrund benötigst du ein ziemlich großes Stück und für das Huhn und die Bäume einige kleinere Stücke. Wenn du keinen Stoffkleber hast, kannst du auch Alleskleber verwenden.

MATERIAL

- ✓ Lineal
- ✓ bunte Pappe
- ✓ Schere
- ✓ Stoffreste
- ✓ Pauspapier
- ✓ Bleistift
- ✓ dünne Pappe
- ✓ dünner schwarzer Filzstift
- ✓ Stoffkleber oder Alleskleber

1 Schneide aus bunter Pappe ein Rechteck in der Größe 25 cm × 30 cm zu und klebe ein Stück Stoff in der Größe 23 cm × 28 cm darauf.

2 Pause die Schablonen von S. 18 durch (Anleitung S. 12) und übertrage sie mit Filzstift auf die dünne Pappe. Schneide die Schablonen aus.

3 Zeichne die Umrisse der Bäume mit Filzstift auf grünen Stoff. Schneide die Stoffbäume aus und klebe sie an den linken und rechten Rand des Bildes.

4 Zeichne die Umrisse des Huhnes mit Filzstift auf blauen oder blau karierten Stoff, schneide den Körper aus und klebe ihn in die Mitte des Bildes. Klebe den Flügel auf den Körper.

5 Schneide Beine, Gesicht und Schwanzfedern aus Stoff aus und klebe sie auf. Schneide zwei geschwungene Stämme für die Bäume aus und klebe sie auf.

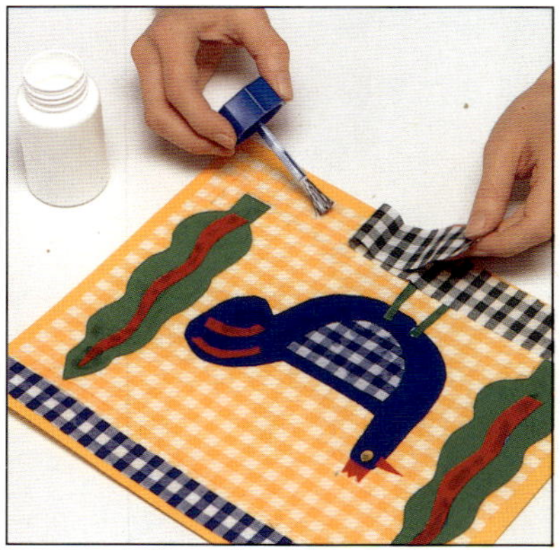

6 Klebe einen Streifen grün karierten Stoff unten auf das Bild und einen blau karierten oben hin. Klebe eine rot karierte Sonne mit Strahlen aus rotem Stoff auf. Zum Schluss klebe die roten Füße an die Beine des Huhns.

Stroh-Mobile

Trinkhalme gibt es in vielen bunten Farben und man kann tolle Dinge daraus basteln. Zum Beispiel dieses Mobile.

MATERIAL

- ✓ Schere
- ✓ bunte Trinkhalme
- ✓ Lineal
- ✓ extrastarker Kleber
- ✓ große Knöpfe
- ✓ Holzperlen
- ✓ festes buntes Baumwollgarn

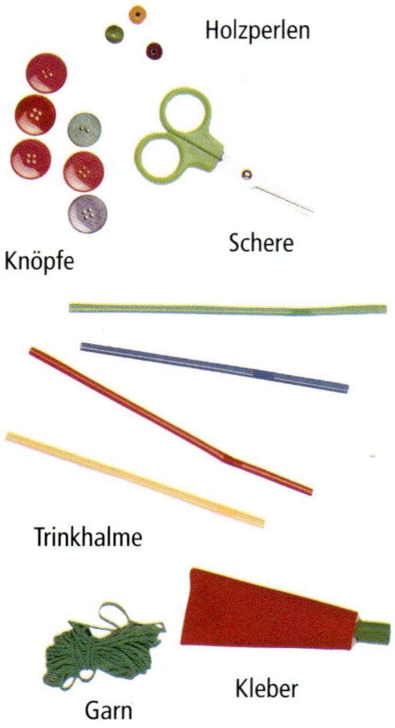

1 Schneide vier verschiedenfarbige Trinkhalme in 12 cm lange Stücke. Dann schneide ein langes Stück farbiges Garn ab und fädle die Trinkhalme darauf. Lege die Halme zu einem Quadrat und verknote das Garn.

2 Schneide weitere Trinkhalme in 2,5 cm lange Stücke. Binde an jede Ecke des Trinkhalm-Quadrates ein langes Stück Garn. Fädle sechs bis sieben Trinkhalmstücke auf jeden Faden.

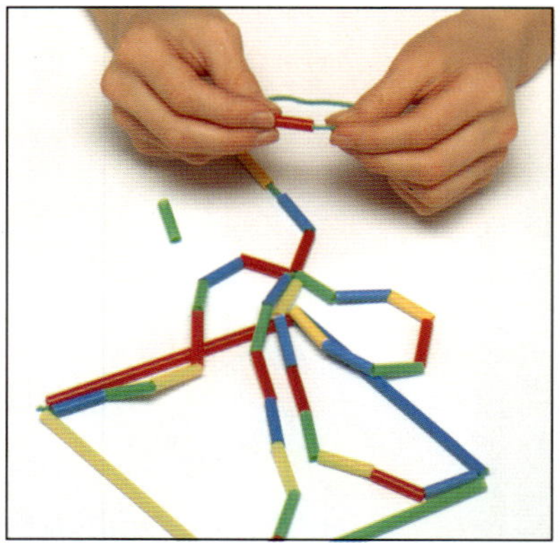

3 Binde alle Fadenenden direkt über den Trinkhalmen zusammen. Binde dann ein neues Stück Garn an den Knoten und fädle weitere Trinkhalmstücke auf.

4 Schneide von einer Farbe vier Stücke von 2,5 cm und eins von 5 cm Länge zu. Klebe das lange Stück auf die Rückseite eines großen Knopfes und klebe die kurzen Stücke sternförmig neben das lange. Klebe einen zweiten Knopf dagegen. Fertige weitere vier Sterne in anderen Farben an.

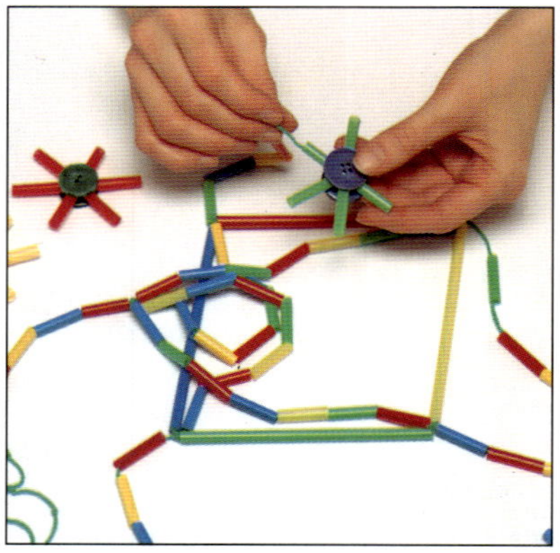

5 Binde vier unterschiedlich lange Stücke Garn an je eine Ecke des Quadrates. Fädle 2,5 cm lange Trinkhalmstücke auf und am Ende fädle als Abschluss einen Stern auf jeden Faden (durch den langen Halm). Dann befestige auch oben einen Stern auf diese Weise.

6 Fädle eine Holzperle auf jeden Stern und verknote den Faden sorgfältig. Nur bei dem oberen Stern lass den Faden länger, um das Mobile daran aufzuhängen.

Tannenzapfen-Mobile

Tannenzapfen sehen toll aus, wenn sie an einem Mobile hängen. Die Bügel dieses Mobiles sind verschieden lange Zweige, von denen die Tannenzapfen in unterschiedlicher Höhe herabhängen. Tannenzapfen gehören zum Winter. Du könntest die Zweige und Zapfen auch mit Gold- oder Silberfarbe anmalen und ein Weihnachtsmobile daraus machen.

MATERIAL

- ✓ Schere
- ✓ dünne bunte Schnur
- ✓ Tannenzapfen
- ✓ 2 dünne Zweige und ein gegabelter Zweig

Zweige

Tannenzapfen

Schnur

Schere

1 Binde je ein Stück Schnur oben um die Tannenzapfen. Binde je einen Zapfen an das Ende eines Zweiges.

2 Binde zwei Zweige mit einem Stück Schnur zusammen.

3 Binde an den unteren Zweig weitere kleinere Tannenzapfen in unterschiedlicher Höhe.

4 Befestige den oberen Zweig an einem größeren gegabelten Zweig. Binde die beiden fest zusammen, indem du sie mit Schnur umwickelst. Befestige dann ein Stück Schnur als Aufhänger an dem obersten Zweig.

Weihnachtskarten aus Filzresten

Beim Basteln mit Filz fallen immer viele Reste an. Es wäre schade, die einfach wegzuwerfen, denn man kann schöne Weihnachtskarten daraus basteln. Hebe auch Reste von buntem Papier und Pappe auf, daraus kannst du den Hintergrund der Karten machen.

MATERIAL
- ✓ Bleistift
- ✓ Lineal
- ✓ dünne bunte Pappe
- ✓ Schere
- ✓ dünner Filzstift
- ✓ bunte Filzreste
- ✓ Alleskleber

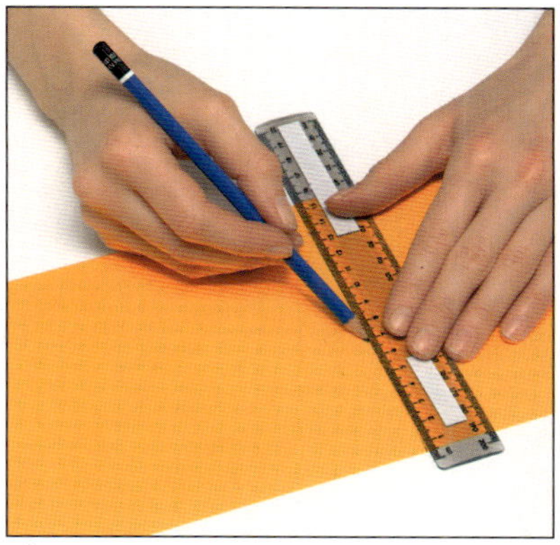

1 Zeichne ein Rechteck in der Größe von 22 cm × 15 cm auf bunte Pappe, schneide es aus und falte es in der Mitte.

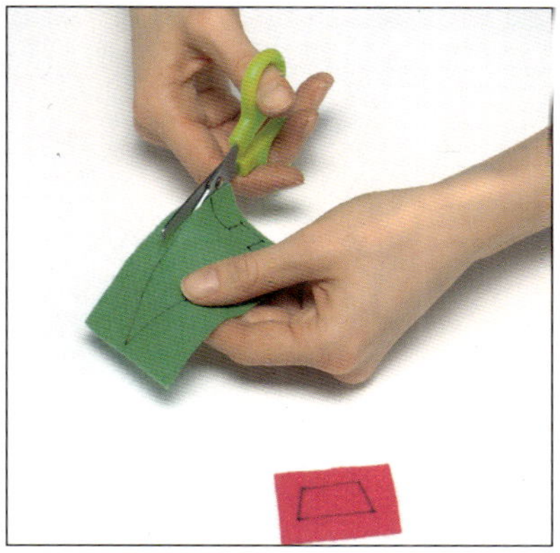

2 Zeichne mit Filzstift einen Tannenbaum auf den grünen Filz und einen Blumentopf auf den rosa Filz. Schneide beides aus.

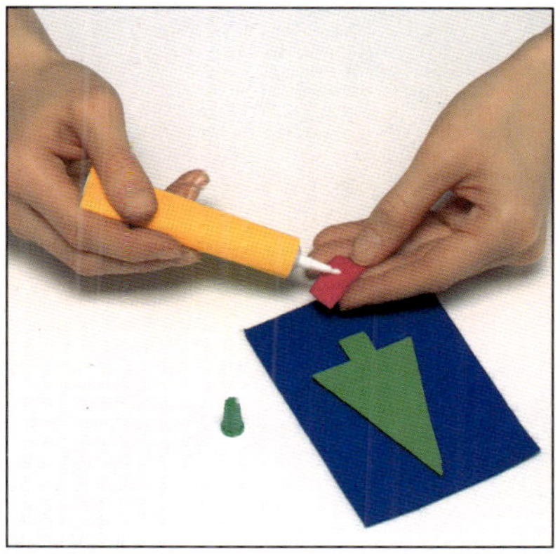

3 Klebe beides auf ein Rechteck aus blauem Filz, das etwas kleiner ist als die gefaltete Pappkarte.

4 Klebe das Filzbild vorne auf die Pappkarte. Schneide kleine bunte Filzkugeln aus und klebe sie auf den Tannenbaum.

Weihnachtliche Glitzerkreise

Dieser glänzende Baumschmuck sieht am Weihnachtsbaum einfach prima aus. Beklebe die Glitzerkreise mit buntem Bonbonpapierschnipseln und stecke außenherum Büroklammern, sodass die Kreise wie Schneeflocken aussehen.

MATERIAL

- ✓ Bleistift
- ✓ Zirkel
- ✓ dünne Pappe
- ✓ Schere
- ✓ Alufolie
- ✓ bunte Folie
- ✓ extrastarker Kleber
- ✓ silberne Büroklammern
- ✓ silbernes Gummiband

bunte Folie

Kleber

Büroklammern

Alufolie

silbernes Gummiband

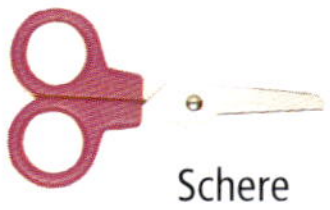

Schere

1 Zeichne mit einem Zirkel zwei exakt gleich große Kreise auf die dünne Pappe und schneide sie aus.

2 Schneide aus Alufolie zwei Quadrate, die 4 cm größer sind als die Pappkreise. Lege den Pappkreis in die Mitte der Folie und falte die Folie über die Pappe. Dann schneide aus der bunten Folie zwei Kreise.

3 Aus dem Rand schneidest du schmale Dreiecke, sodass zwei Sterne entstehen. Klebe diese auf die beiden silbernen Kreise. Schneide zwei kleine Kreise aus bunter Folie aus und klebe sie in die Mitte der Sterne.

4 Klebe Büroklammern auf die Rückseite eines Silberkreises und füge dann zwei Kreise zusammen. Binde als Aufhänger ein Stück silbernes Gummiband an eine Büroklammer.

Nudelglöckchen

Dieser Weihnachtsbaumschmuck wird aus Puddingbechern gebastelt. Sie werden bunt angemalt und mit eingefärbten Nudeln dekoriert. Nudeln gibt es in vielen verschiedenen Formen. Mische die Farbe mit Bastelleim, damit sie auf Plastik hält.

MATERIAL

- ✓ 2 Puddingbecher aus Plastik
- ✓ Bastelleim
- ✓ Plakafarben in Grün, Gold und Pink
- ✓ Pinsel
- ✓ schöne Nudeln
- ✓ 2 goldfarbene Pfeifenreiniger
- ✓ extrastarker Kleber

Kleber

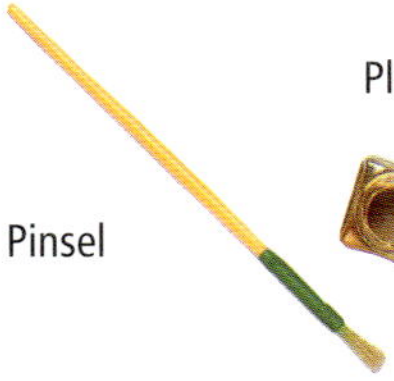

Pinsel

Plakafarbe

goldfarbener Pfeifenreiniger

originelle Nudeln

1 Mische Plakafarbe mit Bastelleim und male die sauberen und trockenen Puddingbecher an. Wenn die Farbe trocken ist, bemale den oberen und den unteren Rand der Becher mit Gold.

2 Bemale die Nudeln mit goldener Plakafarbe und lass sie sorgfältig trocknen.

3 Bitte einen Erwachsenen dir ein Loch in den Boden des Bechers zu stechen. Falte einen Pfeifenreiniger in der Mitte, schiebe beide Enden durch das kleine Loch in den Becher und biege die Enden des Reinigers nach außen.

4 Streiche Kleber auf die Nudeln und klebe sie rund um den Becher. Fädle eine Nudel auf den Pfeifenreiniger und klebe sie auf den Boden des Bechers.

Türschmuck

Dieser fröhliche Türschmuck lässt sich ganz einfach aus Aluförmchen und Wäscheklammern basteln. Alufolie sieht sowieso immer ein bisschen weihnachtlich aus und der lächelnde Schneemann ist eine Zierde für jede Haustür.

Andere Varianten:

Du kannst anstatt des Schneemanns auch einen goldenen Stern oder einen dicken Weihnachtsmann auf deinem Türschmuck abbilden.

MATERIAL

- ✓ Bleistift
- ✓ dünnes buntes und weißes Papier
- ✓ Schere
- ✓ Alleskleber
- ✓ 7 kleine Aluförmchen
- ✓ große Aluform
- ✓ extrastarker Kleber
- ✓ 7 Plastikwäscheklammern
- ✓ Geschenkband

1 Zeichne Kreise von der Größe des Bodens der kleinen Aluförmchen auf buntes Papier und schneide sie aus.

2 Klebe die bunten Papierkreise innen auf den Boden der kleinen Aluförmchen. Schneide Sterne aus und klebe sie in die Mitte eines jeden Kreises.

3 Klebe mit extrastarkem Kleber eine Wäscheklammer unter jedes Förmchen.

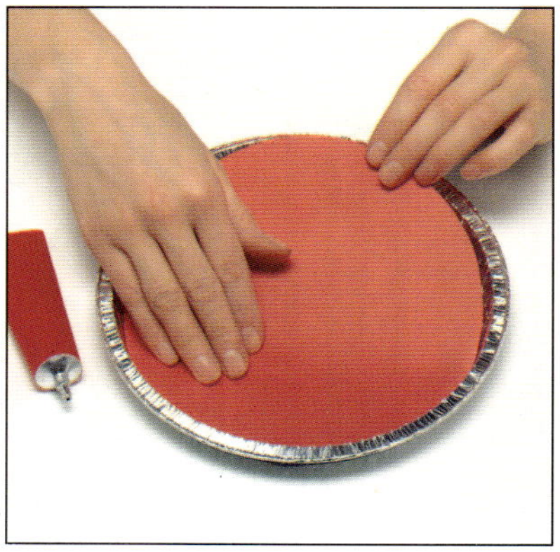

4 Zeichne einen großen Kreis auf, schneide ihn aus und klebe ihn innen in die große Aluform.

5 Schneide einen Schneemann aus weißem Papier aus und klebe ihn in die Mitte der großen Aluform. Schneide Hut, Gesicht und Arme aus bunten Papierschnipseln und klebe sie auf.

6 Klemme die kleinen Aluförmchen mit den Wäscheklammern rund um die große Form. Klebe ein Stück buntes Geschenkband zum Aufhängen an die Rückseite deines Türschmucks.

Register